'홍익인간'은 관념이나 감정을 잘 다스려
생명의 가치와 본성을 밝혀 우주 의식으로 생활화하면서.
인간이 지켜야 할 사리(私利)와 도리(道理), 참가치를
상식으로 알고 실천하는 사람이다.

홍익인간이 된
청소부 할머니

조한석 저

청어 도서출판

홍익인간이 된
청소부 할머니

조한석 저

책을 내면서

선조들은 하루 24시간이 반복되는 현상, 이런 자연의 모습을 예리하게 통찰하여 1년 365일이 봄 여름 가을 겨울로 변화되는 과정을 알게 된다. 더 나아가 우주의 변화 과정을 역사철학 차원으로 정리하였다. 심명철학(心命哲學) 창시자 최봉수 박사는 동양 역법의 근원인 혼원수(混元數)와 소강절(邵康節)이 천지 만물의 생성·변화를 관찰한 황극경세서(皇極經世書)를 기반으로 살펴보자.

우주를 바탕으로 기운을 풀이할 때, 연(年)은 원(元)·월(月)은 회(會)·일(日)은 운(運)·시(時)는 세(世)라고 한다. 우주의 연(年)은 지구의 129,600년·우주의 월(月)은 10,800년·우주의 일(日)은 지구의 360년·우주의 시(時)는 지구의 30년에 해당한다. 우주의 시(時)로 볼 때 갑술세(甲戌世)는 지구의 1984년부터 2013년까지이며, 을해세(乙亥世)는 지구의 2014년부터 2043년까지다.

갑술세(甲戌世)의 '갑목(甲木)'인 주체가 '술토(戌土)'인 객체를 편재로 봄으로써 모든 기운이 쟁취하는 형세이다. 대한민국의 지세(地勢)인(寅)과 갑술세의 술(戌)이 지지삼합(地支三合)이 되며, 인(寅)의 정기가 천운 갑(甲)을 상생하여 국운이 도약하는 시기이다. 그래서 6·25 전쟁 이후 국운이 상승하여 세계 경제 10위권, 86아시안게임 개최, 88올림픽 개최, 2002 월드컵 4강 진출, 한류 전파 등 지원국으로 승격되었다.

을해세(乙亥世; 2014년~2043년)의 을해(乙亥)는 인수(印綬)이며 천문(天文)이다. 지금까지 행복의 중심이 물질의 양과 질에 있었다면, 앞으로는 인간관계를 중심으로 한 홍익인간의 가치로 바뀔 것이다. 그래서 우주 자연의 이치를 인간 생활에서 구현하고 인간의 마음을 알고 헤아리는 시대가 된다. 그리고 생명의 근원을 파악하고 우주 과학이 발달하여 인간 활동 영역을 넓혀 가는 시대가 열린다.

더하여 을해세(乙亥世; 2014년~2043년) 기운이 을해운(乙亥運; 2044년~2403년)을 이어받는다. 따라서 경세 철학으로 볼 때 2014년부터 약 390년간 을해(乙亥)라는 천운지기(天運地氣)의 기운으로 인해 사물의 이치와 일상의 도리가 밝혀지게 된다.

저자는 을해(乙亥)라는 천운지기(天運地氣)의 기운을 우리가 올바로 알고 이에 맞는 마음과 생각과 행동을 해야 한다고 보았다. 따라서 이러한 기운을 바탕으로 "한민족의 문화 홍익인간 이야기·홍익인간이 본 자연과 어우러진 삶터·홍익인간이 된 청소부 할머니"를 출간하게 되었다.

2025년 4월 20일
저자 송암 조 한 석

일상에서 찾는다

올바른 마음으로 도와주는 일
홍익인간이라
선조께서 말씀하셨지

어느 한쪽으로 기울지 않고
흘러넘치지도 않으며
모자람도 없게 하려는 마음이

자연 안에 들어서려면
몸과 마음이 아우러져
균형과 조화 이루어 내야지

한 순간순간
놓치지 않고
가야지 찾아가야지

차례

1장
우주만물의 이야기

Ⅲ장
생활환경에 따른 육체 변화

IV장
나를 갖추려면 어떻게 해야 할까?

V장
올바른 도움을 주는 사람이 되자

우주만물의
이야기

한글 천부경으로 알리다

우주만물의 이야기

보이지 않는 공간에서 보이는 세상으로 드러날 때 한 생명체로 태어난다. 이 생명체의 작용을 마음과 기운과 몸으로 나누어 보지만 그 근본은 변함이 없다. 생명체가 작용하는 순서는 마음이 첫 번째 기운이 두 번째 몸이 세 번째이다. 초승달이 떠오르고 나서 매일 조금씩 커져 보름달이 되고 나면 보름달은 조금씩 일그러져 그믐달이 되는 한 달의 과정이 반복된다. 마음은 선·악으로 기운은 청·탁으로 몸은 후덕함과 천박함으로 각각 작용하면서 균형과 조화를 이루고 있다. 균형과 조화를 이룬 건강한 남자와 여자가 결혼하여 자손을 출산하는 가정들이 계속 이어진다. 3개월마다 계절의 변화가 생기고 계절은 봄과 여름과 가을과 겨울로 순환된다. 1년의 순환과정이 변화무쌍한 것 같지만 계절이 순환되는 법칙 그 근본은 변함이 없다. 스스로 다스려지는 그것을 우주심이라 하는데 태양을 이고 사는 생명체 중에 인간만이 이러한 진리를 깨칠 수 있다. 보이는 세상에서 보이지 않는 공간으로 돌아갈 때 한 생명체로 마친다.

인간은 "기(氣)의 흐름이 만들어내는 일시적인 생명현상"이라고 보았다. 우주에는 물질이 보이지 않는 공간과 보이는 공간이 있다면, 생명체는 보이지 않는 공간에서 보이는 공간으로 태어날 때 한 생명체로 태어났다.

생명체의 작용을 동양철학에서는 천지인(天地人)·삼극(三極)으로 표현하였으나, 현대 과학의 눈으로 보면 이것은 시간과 공간과 질량이다. 생명체의 작용 순서는 '마음이 첫 번째, 기운이 두 번째, 몸이 세 번째'이다.

생명체들의 생활에 직간접적으로 영향을 주는 것이 해와 달이라는 것을 알고, 쉽게 살필 수 있는 달의 변화를 관찰하여 '초승달-상현달-보름달-하현달-그믐달'로 순환되는 것을 반복하고 있음을 알게 되었다.

생명체 안에서 작용하는 마음과 기운과 몸에 저마다 음(陰)과 양(陽)이 짝을 이루며 균형과 조화를 이루려고 한다. 균형과 조화를 이룬 남자와 여자가 결혼하여 자녀를 낳고 자녀들이 결혼하여 자녀를 낳는 것을 이어간다고 보았다.

달은 지구를 중심으로 1년(年) 동안에 12차례 돈다. 이 과정에서 3개월마다 계절이 변화되면서 사계절로 순환하고 있음을 알게 된다. 이러한 순환과정을 생수(生數) '5土'와 성수(成數) '10土'의 음양배합(陰陽配合)으로 설명한 것이다.

일 년의 계절 변화가 변화무쌍한 것 같지만, 하루 밤낮의 반복, 1년 사계절의 질서, 계절마다 변화되는 삼라만상의 온갖 모습, 이런 우주의 변화가 일정한 순환의 질서와 변화 법칙이 있다는 것을 알게 되었다.

그리고 사람들의 몸 안에 머무는 마음이 있고, 이런 인간 마음이 한결같은 우주심(宇宙心)을 계승했는데, 태양을 이고 사는 생명체 중에서 인간만이 우주심을 이어받았다는 것을 깨닫게 되었다.

보이지 않는 세상으로 떠날 때는 한 생명체로 떠난다. 이 과정을 과학적으로 설명하면 공간과 물질과 시간은 본질에 있어서 뿌리가 하나이다. 이것이 각각 분리하여 존재할 수 없는 이유는 한 생명체이기 때문이다.

선조들은 이렇게 자연의 이치(理致)와 섭리(攝理)를 깨치고 그 본질과 참뜻을 후대에 전하기 위해 이를 말과 글로 남겼다. 그런데 오늘날 우리는 그 본질과 참뜻은 헤아리지 않고 문자에만 얽매여 그 뜻을 이해하려고 하였다.

자연의 존재 그 자체를 말로 표현하거나 문자로 표기하면 그 순간 그것은 관념적(觀念的)인 것이 되고 만다. 그래서 노자(老子)는 "도(道)를 도(道)라고 말할 때는 이미 도(道)가 아니다"라고 한 것이다.

이처럼 관념적으로 표현된 문장을 해석할 때, 관념적인 용어에만 얽매이면 그 뜻은 더욱 애매모호해진다. 그래서 고서(古書)를 해설할 때는 관념적인 언어로 표현한 문자에 얽매이기 이전에, 먼저 그 본질과 참뜻을 이치적(理致的)으로 구명(究明)하고 나서 표현된 문장을 보아야 할 것이다.

우주만물의 이야기(1)

보이지 않는 공간에서 보이는 세상으로 드러날 때 한 생명체로 태어난다

자연에 적응하며 살던 선조들은 문득 많은 사람 속에 있는 자신을 들여다보고 내가 어떻게 태어났지? 하고 생각했을 것이다. 그러면서 사람은 보이는 몸 안에 보이지 않는 마음과 기운이 함께 존재한다는 것을 알게 된다. 그래서 동양철학에서는 "보이는 존재는 생겨나고 머물다가 사라진다"라고 한 것이다.

인간은 "기(氣)의 흐름이 만들어내는 일시적인 생명현상"이라고 본 것이다. 우주에 보이지 않는 공간과 물질을 적재할 수 있는 공간이 있다면 기(氣)는 이 두 공간에서 존재한다. 보이지 않는 공간에 존재할 때는 에너지 역할로, 물질을 적재할 수 있는 공간에서는 생명체의 변화를 이끄는 역할을 한다고 보았다.

인간366사(人間三六六事) 제2사 경신(敬神)에 "경(敬)이란 지극한 마음을 다하는 것이고, 신(神)은 천신(天神) 곧 '하나'님을 말한다. 해·달·별[日·月·星]과 바람·비·천둥·번개[風雨雷霆]는 형상이 있는 하늘이고, 형상이 없어 보이지 않고 소리가 없어 들리지 않는 것은 형상이 없는 하늘이다.

형상이 없는 하늘을 일컬어 '하늘의 하늘'이라 하는데 이 '하늘의 하늘'이 '하나'님이다. 하늘이 하늘을 공경하지 않으면 하늘도 사람에게 감응[응답]하지 않으리니, 이는 마치 풀과 나무가 비와 이슬과 서리와 눈을 맞지 못하는 것과 같이 생명력을 잃게 되는 것이다"라는 기록이 있다.

탄허(呑虛) 스님은 1980년 여름 오대산에서 다음과 같은 설법(說法)을 하셨다.

> 천지부모(天地父母)를 우(宇)라 하고 왕고래금(往古來今)을 주(宙)라 한다면 우주(宇宙)는 시공(時空)일 따름이다. 시공(時空)을 여의고 만유(萬有)가 존재할 수 없는 것이다.
> 이 시공이 일어나기 이전을 유교(儒敎)에서는 통체일태극(統體一太極)이라 하고, 도교(道敎)에서는 천하모(天下母)라 하고, 기독교에서는 성부(聖父)라 하고, 불교에서는 최초일구자(最初一句字)라고 한다.
> 그러고 보면 기본은 일(一)이다. 일(一)은 무엇인가. 일(一)은 시공(時空)을 만들어낸 그 자체를 현존일념(現存 一念)이라고 한 것이다. 이렇게 보면 천지(天地)가 일지(一指)요, 만물이 일마(一馬)라 하여도 과언이 아닐 것이다.
> 따라서 우리 국조(國祖)는 모든 종교가 오기 전에 벌써 학술적으로도 우리 강토(疆土)의 민족주체(民族主體)를 심어 주었다고 보겠다. 이것이 나의 불교(佛敎)에서 보는 일단(一端)이다.

하나로 태어난 생명체는 저마다 존재 방식이 다르지만, 그 생명은 존귀(尊貴)하다. 존귀하다는 것은 다른 생명체도 존귀하다는 것이다. 그래서 모든 생명체는 평등하다. 그리고 공평(公平)한 방식으로 존재하여야 할 것이다.

사막 지역에 있는 선인장과 열대지역에 있는 야자수는 평등한 존재이나 서로 다른 조건에서 공평한 방식으로 자기 구실을 하며 열매를 맺는다. 이들의 가치는 비교될 수 없다. 이처럼 공평 속에서 평등이 성립될 때 세상은 조화로우면서 생명력으로 가득 차게 되어있다.

인체도 마찬가지다. 오장육부(五臟六腑)의 관계를 살펴볼 때 간장은 신장의 일에 간섭할 수 없고, 신장은 폐장의 일에 간섭할 수 없다. 그러나 각각의 기능을 활성화되도록 하면서 균형과 조화를 유지할 때 건강한 육체와 정신이 깃들게 된다.

사회의 경우도 마찬가지다. 예를 들어 학교에 입학할 때 누구나 똑같은 조건으로 입학해야 한다. 그러나 사람마다 능력과 실적에 따라 결과는 공평하게 대우해야 한다. 결과에 대해 무조건적 평등은 사람들에게 일할 의욕을 상실시키고 의지를 좌절시키는 것이다.

서로 다르게 존재하는 방식과 역할을 인정하고 평등을 이루어야 한다. 공평은 그 나름의 개성과 특성을 인정하고 인정받는 것이다. 이것을 무시했을 때 진정한 평등은 존재하기 힘들다.

우주만물의 이야기⑵

이 생명체의 작용을 마음과 기운과 몸으로 나누어 보지만 그 근본은 변함이 없다

선조들은 생명체의 출생과정을 관찰하고 난 후 생명체가 어떻게 작용하는지를 관찰하게 되었을 것이다. 그리고 그 결과를 어떻게 표현했을까? 하는 궁금증이 생긴다. 이런 내용을 알아보기 위해 옛 고서(古書)를 살펴보고자 한다.

단군세기 서문(序文)에 "조화신(造化神)이 내 몸에 내려 나의 성품이 되고, 교화신(敎化神)이 내 몸에 내려 나의 목숨이 되며, 치화신(治化神)이 내 몸에 내려 나의 기운이 된다. 그러므로 한마음으로 안정되어 변치 않는 것을 진아(眞我)라 한다"라는 기록이 있다.

삼신오제본기(三神五帝本紀)에 "인간과 만물이 다 함께 삼진(三眞: 성·명·정)을 받았으나, 지상에서의 삶에 미혹되어 삼망(三妄: 심·기·신)이 뿌리를 내리고, 삼진과 삼망이 짝하여 삼도(三途: 감·식·촉)라는 세 가지 작용을 낳는다"라는 기록이 있다.

우리가 지금 생각하고 판단하고 있는 이 주체가 '진아(眞我)'일까? 잠시 생각해 보면 '진아'가 아니라는 것을 알 수 있다. 지금의 나는 태어나서부터 지금까지 듣고 보고 배우고 경험한 것을 바탕으로 이루어진 사고 체계에 따라 생활하고 있는 존재일 뿐이다. 이것이 진정한 나는 아닐 것이다.

자신의 근본인 성품[性]과 마음[心]의 자리로 찾아가야 한다.

마한세가(馬韓世家) 상편에 "하늘에 있는 기틀이 내 마음의 기틀에 나타나고, 땅에 있는 형상(形狀)이 내 몸의 형상에 나타나며, 만물(萬物)의 주재(主宰)는 내 몸에 있는 기(氣)의 주재로 나타나니, 이것이 바로 하나[一氣]에는 셋이 깃들어 있고, 세 손길로 작용하는 삼신이 하나의 근원으로 돌아가는 원리이다"라는 기록이 있다.

하늘의 기틀과 마음의 기틀, 땅의 형상과 몸의 형상, 사물의 중심과 기(氣)의 중심이 모두 혼원일기(混元一氣)인 하나 속에는 셋이 깃들어 있고, 하나의 작용을 셋으로 나누어 보지만 하나와 분리될 수 있는 것이 아니다. 그런 까닭에 '하나를 잡아 셋을 포함하고 셋은 하나의 근원으로 돌아가는 것'이라고 하는 것이다.

그렇다면 삼신(三神)은 무엇이며 어떻게 작용하는 것일까?

삼신(三神)을 달리 말하면 천지인(天地人), 삼극(三極), 삼재(三才)라고도 하며, 삼신의 작용을 조화(造化)·교화(敎化)·치화(治化)로 표현한 것이다. "조화·교화·치화"는 성(性)·명(命)·정(精)과 심(心)·기(氣)·신(身)의 근원이 된다.

이 중에 치화 작용이 가장 중요한데 그 이유는 생명현상 그 자체이기 때문이다.

사람이 과도한 정신 활동으로 인하여 마음이 손상되면 신(身)과 기(氣)에도 영향을 미쳐 형체가 쇠약해진다. 이처럼 심(心)·기(氣)·신(身)은 서로 기르며 협동하는 것으로 본래 체(體)와 용(用)의 순환 운동으로 하나를 이룬 것이다.

　　자연에서 발생하는 갖가지 물리적인 현상 자체는 대단히 복잡하고 다양한 것처럼 보이지만, 이들을 구성하는 불변의 요소는 의외로 단순하다는 것을 알게 된다. 오늘날 과학의 눈으로 볼 때 그 불변의 요소들이란 '시간(T)·공간(L)·질량(M)'이다.

　　서양 과학자들은 윤회(輪廻)개념·공(空)개념·무아(無我)개념 등을 이해하지 못했다. 그런데 현대 이론물리학자 리 스몰린(L. Smolin)은 "세상에는 돌멩이나 깡통처럼 그 성질만 나열해도 완전히 설명할 수 있거나, 사람·문화의 존재는 단순한 사물이 아니라 시간에 따른 전개되는 과정"이라고 밝혔다.

　　선조들은 이러한 자연의 진리를 통찰하고 생활에 적용한 것이 효충도(孝忠道) 사상이다. 부모에게 효도하고, 나라에는 충성하는 것이 사람이 해야 할 도리(道理)라는 것이다. 부모에게 효도하며 이웃 어른들을 공경(恭敬)하고 나라에 충성하는 것은 내 가족과 이웃을 지키기 위함인 것이다.

우주만물의 이야기(3)

생명체가 작용하는 순서는 마음이 첫 번째 기운이 두 번째 몸이 세 번째이다

앞에서 생명체의 생성 과정과 그 생명체가 어떻게 작용하는지를 살펴보았다. 여기에서는 생명체의 작용 순서를 어떻게 표현했을까? 라는 궁금증이 생긴다. 이런 내용을 알아보기 위해서 옛 고서를 살펴보고자 한다.

환단고기 소도경전본훈에 "만물의 시원(始原)이 되는 지극한 생명이여! 이를 양기(良氣)라 부르나니 무(無)와 유(有)가 혼연일체로 존재하고 텅 빔과 꽉 참이 오묘하다. 삼(三)은 일(一)을 본체로 삼고, 일(一)은 삼(三)을 작용으로 삼으니 무(無)와 유(有), 텅 빔과 꽉 참이 오묘하게 하나로 순환하니, 일신과 삼신의 작용은 둘이 아니로다"라는 기록이 있다.

환단고기 삼신오제본기에 "곰곰이 생각해 보건대 삼신(三神)은 천일(天一)과 지일(地一)과 태일(太一)이시다. 천일(天一)은 조화(造化)를 주관하시고, 지일(地一)은 교화(敎化)를 주관하시고, 태일(太一)은 치화(治化)를 주관한다"라는 기록이 있다.

여기에서의 삼신(三神)은 우주의 창조 정신을 말한다. 삼신을 천지인(天地人) 삼재(三才)로 말하며 이를 삼원(三元)이라고도 한다. 그래서 '조화·교화·치화'는 성품(性品)과 목숨(命)과 정기(精氣)의 근원이 된다.

고조선 때 발표된 염표지문(念標之文) 끝에 "삼신(三神)께서 참마음으로 내려 주셔서, 사람의 성품은 삼신의 밝음에 통해 있으니, 삼신의 가르침으로 세상을 다스리고 깨우쳐, 올바른 마음으로 도움을 주라"는 기록이 있다.

본래 '염표지문'은 환국의 혈통을 이어받은 배달의 초대 환웅이 환국의 국시인 홍익인간의 이념을 열여섯 자로 정리해 준 것이다. 이 '염표지문'은 삼신의 외현(外現)인 하늘·땅·인간의 "삼위일체의 도(道)"로써 완성하였다.

이런 과정을 살펴볼 때 최초 선조들은 "나는 누구인가?"라는 화두를 던지고 던진 결과, 양심을 통해 느끼는 자각(自覺)과 건강한 상식을 가져야 한다는 생각에 이른다. 더 나아가 측은지심(惻隱之心)과 사랑으로 세상에 공덕을 쌓아 개인 완성과 전체 완성을 함께 이루어내야 한다는 것을 알게 되었다.

사람의 의식(意識)은 본디 천성(天性)인 성(性)·명(命)·정(精)을 타고나는데, 이것이 삶 속에서 몸의 감각기관을 통하여 입력된 모든 정보와 주위 환경의 영향을 받아 심(心)·기(氣)·신(身)이 뿌리를 내렸다.

의식이 환경의 영향을 받는 가변적이라는 관점에서 본다면, 의식은 삼망 중 하나인 마음이 중심이 되어 기(氣)·신(身)이 함께 작용하여 드러나는 현상이라는 것을 알게 되었다. 삼진과 삼망의 작용을 파악한 선조들은 성명쌍수(性命雙修)를 강조하였다. 성(性)과 명(命)

을 동시에 닦아간다는 뜻이다.

첫째는 조신(調身), 즉 몸 공부이다. 몸의 가치는 정신의 완성을 위한 쓰임에 있고, 정신은 몸을 다스림으로써 의식의 진화가 이루어진다. 인간의 몸은 이러한 과정 안에서 탄생하여 완성을 향해 가는 존재이다.

둘째는 조식(調息), 즉 숨 공부이다. 호흡을 통해 기운의 흐름을 조절하는 공부이다. 몸이 이완되고 영육의 감각이 깨어나 정신이 통일되면, 절로 숨이 고르게 되어 정신은 맑고 마음이 밝아져 양심에 따라 사리와 도리를 지키게 된다. 깊은 명상 속에서 숨을 쉬다 보면 호흡의 의미, 곧 생명의 참모습을 알게 된다.

셋째는 조심(調心), 즉 마음공부이다. 마음은 우주 본성으로써의 마음과 한 개체의 틀에 매인 마음으로 나누어 볼 수 있다. 마음의 본질은 파동이며, 기운을 움직이는 주인이다. 마음의 선악(善惡)·청탁(淸濁)·시비(是非)를 논할 때, 마음의 밭에서 작용하는 결과가 행동으로 표출되는 것을 말한 것이다.

결론적으로 마음의 황폐함은 "하늘·땅·사람의 조화"라는 근본을 잊었을 때 온다. 근본을 지키는 것이 마음을 지키는 것이다. 마음을 지켜내면 신의(信義)와 질서를 알게 된다. 이것은 참 도리(道理)를 아는 것이고 예절을 알게 되는 것이다.

우주만물의 이야기(4)

초승달이 떠오르고 나서 매일 조금씩 커져 보름달이 되고
나면 보름달은 조금씩 일그러져 그믐달이 되는 한 달의 과정
이 반복된다

선조들은 태양계 안에서는 태양의 화기(火氣)와 땅의 수기(水氣)
가 균형과 조화를 이루어야 생명체들이 존재할 수 있다는 것을 알
게 된다. 이러한 탄생 법칙으로 인해 무(無)에서 유(有)가 나오고, 허
(虛)에서 실(實)이 만들어진다고 본 것이다. 그래서 선조들이 백성들
의 생활에 영향을 주는 해와 달의 변화를 관찰하기 시작한다.

동양의 음양(陰陽) 우주관은 해와 달을 관찰하고 통찰한 후 정
립된 것이다. 달이 지구를 한 바퀴 도는데 29.5일 걸리는 이것을 한
달[陰曆]이라고 했고, 지구가 태양을 한 바퀴 도는데 365.2일 걸리
는 이것을 한 해[陽曆]라고 했다. 음력과 양력의 차이를 보완하기
위해 3년에 한 번 '윤달'을 지정한 것이다.

달은 시기마다 다른 모양을 갖고 있다. 순서대로 삭·초승달·상
현달·보름달·하현달·그믐달이다. 우선 지구에서 달을 볼 수 없는
시기를 '삭'이라고 한다. 이때는 음력 1일로 지구를 공전하는 달이
지구와 태양 사이에 위치해 보이지 않는다. '삭'에서 2~3일이 지나
면 눈썹 모양의 달이 뜨는데, 이를 초승달이라 한다.

상현달은 매달 7~8일경 보인다. 반달처럼 오른쪽 면이 보이면

상현달이다. 보름달은 온전한 원형 달의 전체 면이 드러나는 순간이다. 보통 음력 15~16일 정도에 볼 수 있다.

하현달은 상현달과 반대 방향인 왼쪽 면이 반달처럼 보인다. 음력 22~23일경 보인다. 그믐달도 초승달의 반대 방향이다. 음력 27~28일경 볼 수 있으며 '삭'으로 이어지기 전 왼쪽 면이 얇게 보인다.

왕검(王儉) 단군(檀君)은 현묘한 도(道)를 깨우치고 세상의 질서를 바로잡아 다스릴 때, "팽우(彭虞)에게 명하여 토지를 개척하게, 성조(成造)에게 궁실(宮室)을 짓게, 고시(高矢)에게 농사일을 맡게, 신지(臣智)에게 글자를 만들게, 기성(奇省)에게 의약을 베풀게, 나을(那乙)에게 호적을 관장하게, 희(羲)에게 괘서(掛筮)를 주관하게, 우(尤)에게 병마(兵馬)를 담당하게 하셨다"라는 기록이 있다.

여기에서 고대사서(古代史書)에 기록된 자연현상 내용을 현대 천문학으로 고증(考證)할 수 있다면, 그것은 이 사서(史書)들의 문헌학적 가치를 증명하는 것이다. 따라서 단군조선의 역사적 실재성을 입증할 수 있게 되는 것이다.

환단고기 단군세기 편에는 13세 단군 흘달(屹達) 재위 50[戊辰: BC 2333]년에 "오성(五星)이 누성(婁星)에 모이고, 황학(黃鶴)이 날아와 금원(禁苑:궁궐의 후원)의 소나무에 깃들었다"라는 기록이 있다.

오성취루(五星聚婁)란 "수성·금성·화성·목성·토성"이 한곳에 집결하는 천문현상이다. 고조선 13세 단군 흘달(屹達) 50년 무진(戊辰)년에 "오성이 루성(婁城)에 모였다"라는 기록을 보고, 천문학 교

수 박창범이 천문학적 방법으로 검증한바 역사적 사실로 입증된 바 있다.

　박창범은 역사기록 내용을 천문학으로 검증하여 비교한 결과, "오성취루 현상이 1년 오차가 있는데, 이것은 단군 원년을 정월 세수로 계산한 무진(BC 2333)년을 기준으로 했기 때문이라며, 10월 세수로 따져보면 원년은 정묘(BC 2334)년이 되므로 천문학과 역사기록의 오차는 거의 사라진다"라고 밝힌 바 있다.

　고대(古代) 농경사회에서는 달의 변화를 관찰하면서 12개월의 음력을 정하고, 하늘과 땅의 기운이 1년에 24번 순환하며 변화되는 것을 24절기라 하고, 24설기가 초후(初侯)·중후(中侯)·말후(末侯)로 나뉘어 72번 순환하며 변화하는 것을 72 절후라고 하였다. 절기와 절후를 이용하여 땅에 씨를 뿌려 기르고 거두도록 했다.

　이 과정에서 인구가 날로 늘어나고 풍요로운 생활을 할 수 있게 되자, 사람들의 욕심이 항시 번성함을 간직하고 살았으면 하는 갈등이 생겨나기 시작했다. 이에 선조들은 달도 차면 기운다는 자연의 이치를 보고, 무슨 일이든지 최고로 성(盛)하면 반드시 쇠(衰)해진다는 삶의 지혜를 속담에 담아 알려준 것이다.

우주만물의 이야기(5)

마음은 선악으로 기운은 청탁으로 몸은 후덕함과 천박함으로 각각 작용하면서 균형과 조화를 이루고 있다

노자(老子)의 도덕경(道德經) 42장 도화장(道化章)에 이런 기록이 있다.

도(道)는 일(一: 수소는 우주 질량의 약 75%를 차지)을 낳고, 수소는 핵융합으로 에너지[火: 2]를 발생시킨다. 에너지는 물과 작용하여 나무[木: 3]를 낳고, 나무는 싹을 틔워 만물을 생장시킨다. 하늘과 땅 사이의 잘 조화된 기운으로 서로 잘 어울려 하나가 된다.

사람들이 싫어하는 것은 고아가 되고, 과부가 되고 곡식이 없음인데, 왕(王)과 공(公)은 이를 알아야 한다. 그러므로 사물의 내용과 실질(實質)에는 손해가 났기 때문에 이익이 되는 부분이 있고 이익 때문에 잃는 것도 있다.

옛사람들이 가르친 것을 나 또한 그 이치를 가르치니 강포(强暴)한 사람은 천수(天壽)를 다하지 못한다. 나도 이것을 가르침과 훈계의 시초(始初)로 삼았다.

동양에서 말하는 음양설(陰陽說)이란 우주 만물의 성질과 변화 이치에 대한 인식체계이다. 우주의 모든 만물은 각각 음양의

속성을 가지고 있으며 서로 존재하고 대립하면서 조화를 이룬다고 봤다.

사람의 장부(臟腑)에도, 경락(經絡)에도 음과 양이 존재한다. 몸 안에서 음과 양이 균형(均衡)과 조화(調和)를 이루면 건강한 사람이 되는 것이고, 균형과 조화가 무너지면 병든 사람이 되는 것이다.

모든 생명체의 구성 기본 단위는 세포이며, 세포를 쪼개면 분자가 된다. 다시 나누면 물질의 최소 단위인 원자이다. 이러한 원자의 내부에 소립자인 양자들이 저마다 고유의 파동을 일으키며 각자의 특성이 표출되었다.

즉 물질의 기본 단위는 원자(原子)이다. 원자 안에는 '원자핵과 전자'가 있다. 과학자들은 전자가 원자핵 주위를 돌며 자기장을 발생시키고 있다는 것을 발견했다. 과학자들이 원자핵과 전자 간의 작용을 밝혀낸 것은 동양사상인 우주관을 과학적으로 증명해 준 것이라 할 수 있다.

미국 대체의학 박사인 디팩 쵸프라(Deepak Chopra)는 "정신과 육체가 하나의 에너지장(場)에 있다"라면서, "당신이 에너지장을 이용한다면 마음의 변화를 통하여 육체의 변화를 만들어 낼 수 있다. 이렇게 마음과 육체를 연결해 주는 물질이 양자 파동이다"라고 밝힌 바 있다.

미국 입자물리학자 프리쵸프 카프라(Fritjof Capra)는 양자물리학이 시사(時事)하는 새로운 세계관이 동양의 전통사상과 놀라울 정도로 동일(同一)하다며, "양자물리학이 동양의 우주관을 점차 형상화하는 데 도움이 되었다"라면서, 온 우주가 하나의 생명체임을 깨달 았다고 밝힌 바 있다.

우주 만물이 에너지의 파동이라고 한다면, 인간 역시 우주 에너 지가 구성하는 소규모의 인체 에너지장으로 생각할 수 있다. 인간 이 지닌 에너지장은 우주와 마찬가지로 여러 차원의 파동으로 형성 되어 있다.

가장 뚜렷하게 드러나는 에너지장은 일반적으로 오라(aura)라고 통용되고 있는데, 이 '오라'는 개인마다 서로 다르게 작용하지만, '오라'가 육신을 에워싸는 동시에 몸속에도 스며들어 건강에 직접 적인 영향을 미친다.

동물과 식물들도 서로 다른 에너지와 파동을 갖고 있어서, 사람 이 어떤 음식을 먹는지에 따라 몸의 에너지장은 큰 영향을 받게 된 다. 따라서 올바르고 적절한 식사는 '정신과 육체' 모두에 유익하 지만, 잘못된 식생활은 우리의 '영적인 성숙과 육체적 건강'을 해칠 수 있다.

동양사상과 현대물리학의 접점을 한마디로 정의(正義)한다면 "기 (氣)=에너지"이다. 에너지는 그 형태에 따라 운동·위치·열·전기 따 위로 구분한다. 이런 에너지는 다른 물체와 연결되어 서로 영향을 주고받는다. 에너지도 기(氣)처럼 상대적이면서 상보적(相補的)인 역 할을 하고 있다.

우주만물의 이야기(6)

 균형과 조화를 이룬 건강한 남자와 여자가 결혼하여 자손을 출산하는 가정들이 계속 이어진다

 선조들은 '어떻게 태어났을까? 어떻게 살 것인가? 어떻게 죽을 것인가?'를 화두(話頭)로 삼고, 자신의 본성(本性)을 찾기 위해 면벽(面壁)을 했다고 한다. 이런 과정을 거쳐 혜안(慧眼)이 열린 선조들은 그 깨달음을 생활에 적용하였다.

 삼교지도(三敎之道)란 세 가지의 가르침으로 도(道)를 이룬다는 것이다. 반드시 생각과 감정을 고요히 가라앉혀 마음을 맑게 하고, 호흡을 통해 기운의 흐름을 조절하고, 오감(五感)의 부딪침으로 나타나는 여러 욕망을 끊고 절제하도록 했다.

 이런 관점에서 선조들이 백성을 위해 어떤 노력을 했는지 살펴보려고 한다.

 환단고기(桓檀古記)에 다음과 같은 기록들이 있다. 배달국 환웅께서 풍백(風伯)·우사(雨師)·운사(雲師)를 거느리고, 오가(五加)에게 농사·왕명·형벌·질병·선악을 관리하게 하고, 인간 세상의 360여 가지 일을 주관하여 세상을 진리로써 다스려 백성을 도와주었다.

 이때 웅족(熊族)과 호족(虎族)이 이웃하여 함께 살았다. 일찍이 이 족속들은 삼신(三神)께 천제를 올리고, 신단수(神檀樹)에 가서 '삼신

의 계율을 따르는 백성이 되기를 빌었다'라는 소식을 듣고, 환웅께서 '가히 가르칠 만하다'라고 하셨다.

환웅께서 쑥 한 묶음과 마늘 스무 줄기를 주시며 너희는 이것을 먹고 100일 동안 햇빛을 보지 말고 기도하라. 그리하여 참된 인간이 되라고 말씀하시자, 이에 웅족과 호족 두 족속이 함께 쑥과 마늘을 먹으면서 삼칠일[21일]을 지냈다.

웅족은 능히 굶주림과 추위를 참아 내고 계율을 지켜 인간의 참모습을 얻었으나, 호족은 방종하고 게을러 계율을 지키지 못하여 좋은 결과를 얻지 못하였으니, 이것은 두 족속의 성정(性情)이 서로 같지 않았기 때문이다.

후에 웅족 여인[熊女]들이 시집갈 곳이 없어 매일 신단수 아래에 와서 주문을 외우며 아이 갖기를 빌었다. 이에 환웅께서 이들을 임시로 환족(桓族)으로 받아들여 환족 남자들과 혼인하도록 하여 아이를 낳자, 환족의 자손으로 입적시켰다.

고조선의 국통(國統) 계승자 북부여(北夫餘) 해모수(解慕漱) 단군(檀君)은 재위 8년[己巳: BC 232] 10월에 "태아를 가진 임신부를 보호하는 법을 만들고, 사람들을 가르칠 때 반드시 태교(胎敎)를 먼저 하셨다"라는 기록이 있다.

선조들이 이미 오래전에 밝혀낸 자연의 신비(神秘)는 현대 과학에서 그 베일을 하나씩 벗겨내고 있다. 최근 생명공학의 발전으로 유전자의 신비가 밝혀지면서 생명 분야에 고차원적 발전이 기대되고 있다.

네덜란드 출신인 안톤 판 레이우엔훅(Antonie Van Leeuwenhoek)은 정자와 적혈구 세포를 발견하여 동물 조직학의 창시자가 되었다. 1967년 어느 날 정액 속에서 작은 올챙이처럼 생긴 개체들이 꼬리를 흔들고 있는 것을 발견한 것이다.

정자의 몸체는 체세포와 핵과 미토콘드리아로 구성되어있다. 미토콘드리아는 세포가 생명을 유지할 수 있게 전기에너지를 생산한다. 이 에너지의 힘으로 꼬리는 왕성한 운동을 하며 난자의 몸체 안으로 들어갔다.

이런 과정을 거쳐 새 생명체가 태어나는데, 정자와 난자로부터 물려받은 유전인자가 앞으로의 삶에 중요한 역할을 하게 된다. 수정란(受精卵) 핵의 DNA는 부계와 모계로부터 절반씩 물려받으며 유전 형질과 연관되어 있다.

미토콘드리아의 DNA는 모계로부터 이어받는데 생명의 기원·질병·죽음과 밀접한 관계가 있다. 인체 발전소로 알려진 미토콘드리아는 적혈구를 제외한 모든 세포에 존재하며, 전기에너지 ATP는 몸에 필요한 만큼 생산되며 1분 만에 소비되었다.

선조들은 "어머니의 태(胎) 안에서는 어머니의 원기(元氣)로, 출생 이후에는 음식을 통해 얻어지는 정기(精氣)로, 그리고 진기(眞氣)는 정신수련을 통해서만 얻을 수 있다"라고 밝힌 것이다.

우주만물의 이야기⑺

3개월마다 계절의 변화가 생기고, 계절은 봄·여름·가을· 겨울로 순환된다

맑은 하늘이 있었기에 텅 비어있는 공간을 들여다볼 수 있는 여유가 생겼을까? 밤중에 잠깐 머물다 가는 달빛의 고요함을 보며 무상함만을 생각했을까? 아닐 듯하다. 자연계의 순환법칙이 있다는 것을 찾아냈을 것이다.

환역(桓易)은 인류의 역사와 더불어 가장 오래된 역사를 담고 있다. 환역은 자연계의 순환법칙에 맞추어 만들어져 있다. 이 법칙은 인간 생활에서 가장 중요한 역할을 하고 있다. 옛 고서 환단고기(桓檀古記) 소도경전본훈(蘇塗經典本訓)에 우주의 시공간 구성을 세 요소 [원·방·각]로 아래와 같이 설명한 바 있다.

환역(桓易)은 체원용방(體圓用方), 즉 둥근 하늘을 창조의 본체로 하고, 땅을 변화의 작용으로 하여 모습이 없는 것[無象]에서 우주만물의 실상을 아는 것이니, 이것이 하늘의 이치[天理]다.
희역(羲易)은 체방용방(體方用方), 즉 땅을 변화의 본체(本體)로 하고, 하늘을 변화의 용(用)으로 하여 하늘의 실체(實體)를 밝혔고, 하늘의 실체란 '시간과 공간' 즉 시공(時空)의 변화작용을 말한다.
역(易)은 호체호용(互體互用), 즉 체(體)와 용(用)을 겸비하고 있다.

사람의 도(道)는 천도(天道)의 원만[○]함을 본받아야 하고, 지도(地道)의 방정[□]함을 본받아야 하고, 천지의 합덕으로 하나[삼위일체, △]됨으로써 대광명의 존재[太一]가 된다.

달은 지구를 중심으로 1년(年) 동안 12차례 돈다. 그 자리를 평균 잡아서 12구역으로 나누어 이를 십이진(十二辰)이라고 하였다. 해[陽曆]와 달[陰曆]과 별[伍星]들의 움직임을 관찰하여 음양오행(陰陽五行)의 원리를 알고서, 봄[木], 여름[火], 성장을 멈추는 시기[土], 가을[金], 겨울[水]로 구분했다.

음양오행은 우리 민족의 사상적 원형의 바탕을 이룬다. 음양오행 사상은 음(陰)과 양(陽)의 성장과 변화, 그리고 음양에서 파생된 오행(五行: 木·火·土·金·水)은 우주와 인간 생활의 모든 현상과 생성 소멸을 해석하는 사상이다.

오행 운동에서의 토(土)의 역할은 화(火)의 양 운동이 더 진행되지 못하도록 한다. 양의 성질은 한 번 확산하기 시작하면 멈추지 않는다. 그래서 토(土)의 역할이 없으면 우주는 순환 운동이 안 되는 것이다.

토(土)는 양(陽) 운동의 끝이고, 금(金)의 음(陰) 운동의 시작이면서, 양음(陽陰)의 중간에 서서 조절역할을 한다. 토(土)의 이러한 음양의 조절역할 때문에 '토'는 중용을, 그리고 믿음과 신용을 상징하기도 한다.

오행(五行)의 기원(起原)에서 생수(生數)란 1水(수)·2火(화)·3木(목)·4金(금)·5土(토)이며, 성수(成數)는 6水(수)·7火(화)·8木(목)·9金

(금)·10土(토) 이다. "생수(生數) '5土(토)'와 성수(成數) '10土(토)'의 음양배합(陰陽配合)으로 우주창조(宇宙創造)를 완성(完成)시켰다"라고 본 것이다.

훗날 고구려 때 평양성 안에 '천문도(天文圖)'를 만들어 남겼는데 병란으로 인해 소실되었다. 이 천문도(天文圖)를 조선(朝鮮) 1대 왕 태조(太祖)가 왕조의 권위를 강화하고 유교적 민본주의의 기틀을 마련하기 위해 태조 4년[1395]에 '천상열차분야지도(天象列次分野之圖)'를 남겼다.

이처럼 6천여 년간 인간 생활을 이끌어 온 인류문명은 숱한 우여곡절(迂餘曲折)의 역사를 수놓으면서 그때 그 시대마다 물질의 분석과 가공(加工) 기술이 빠르게 성장하면서 자연과학 분야는 괄목할 만한 발전을 이루어왔다.

그러나 정작 그 물질을 다루는 인간, 즉 자기 자신에 대해서는 아무것도 모르는 인간소외(人間疎外) 속에서 살고 있다. 보이는 세계는 알면서도 볼 수 없는 마음과 같은 존재를 모른다는 것은 미완성문명권에서 살고 있다고 봐야 할 것이다.

여기에서 우리를 돌이켜 보면, 지금의 나는 태어나서부터 듣고 보고 배우고 경험한 것으로 이루어진 사고 체계에 따라 생활하고 있는 존재일 뿐이다. 이것이 '진정한 나'는 아니다.

따라서 그동안 살면서 입력된 정보에 의해 형성된 '자아(自我)'를 버리고, 자신의 근본 성품[참된 나]을 마음의 자리에서 찾아야 할 것이다. 그래서 선조들이 "인간은 삼신[心·氣·身]의 도(道)를 닦아 영원한 생명을 성취해야 한다"라고 한 것이다.

우주만물의 이야기(8)

1년의 순환과정이 변화무쌍한 것 같지만 계절이 순환되는 법칙 그 근본은 변함이 없다

자연과학의 눈부신 발전으로 우리는 지구의 1년 사계절의 순환과정을 쉽게 알 수 있게 되었다. 천체 물리학이 밝혔듯이 태양계는 북극성을 중심으로 자전과 공전, 자기 궤도운동을 변함없이 이어가고 있다는 것이다.

고서들을 살펴보면, 오랜 세월 동안 인간 생활을 이끌어 온 선조들은 숱한 우여곡절(迂餘曲折)의 역사를 격으면서, 그때 그 시대마다 지고(至高)와 지선(至善)의 마음을 담아 자랑스럽게 견뎌 왔음을 알 수 있다.

동서고금(東西古今)을 통해 인간 생활에서 중요한 역할을 한 역법(曆法)은 인류의 역사와 더불어 가장 오래된 역사를 지니고 있다. 역법은 자연계의 주기 즉 태양과 지구의 순환법칙에 맞추어 만들어져 있다.

지구가 1회 순환할 때 하늘의 천기는 크게 낮과 밤으로 두 번 변화하며, 낮에는 12번의 천기 변화가 있으므로 12시간, 1시간에는 60번의 천기 변화가 있으므로 60분, 1분에도 60번의 천기 변화가 있으므로 60초라고 했다.

이렇게 지구가 1회 순환할 때 미세하게 낮과 밤으로 변하는 천

기 변화의 수(數)는 86457.3315번의 변화의 수가 있고, 하늘의 천기 변화의 운행 법칙에 따라 '봄·여름·가을·겨울'의 기온 변화가 한 치의 오차 없이 순환(循環)되고 있다.

하늘의 천도(天道)가 돌고 돌아가는 운행과 순환의 이치에 따라 무극(無極)인 원기(原氣)가 돌고 돌아감으로 만물(萬物)이 태어나고 자라고 사라지는 생성의 법칙이 존재하는 것이다.

선조들은 이것을 가리켜 '만물(萬物)의 도(道)'라고 하는 것이니, 여기에서 사시(四時)가 있고, 절기(節氣)와 절후(節侯)가 있어 어김없이 찾아오고 돌아가고 있음을 알아야 한다고 한 것이다.

따라서 360일은 한 해의 날수이다. 전반기 180일[봄·여름]은 양(陽)이 주관하고 동지(冬至: 22번째 절기)를 기점으로 낮이 점점 길어지고, 후반기 180일[가을·겨울]은 음(陰)이 주관하고 하지(夏至: 10번째 절기)를 기점으로 밤이 점점 길어진다.

영국의 물리학자 스티븐 호킹(Stephen Hawking)의 저서(著書)『시간의 역사』에서 "우주는 일련의 합리적인 법칙으로 지배되고 있으며, 인류는 그 법칙을 언젠가는 발견하고 이해할 수 있을 것이다"라고 밝힌 바 있다.

미국 버클리대학 물리학 교수인 프리초프 카프라(Fritjof Capra) 박사는 그의 저서『현대물리학과 동양사상』에서 "뉴턴의 발견들 가운데 가장 중요한 것은 '우주에는 변치 않는 질서가 있다'라는 것을 발견한 것이다. 그리고 그의 통찰력은 양자역학이나 상대성 이론에 의해서 무효로 되지 않았다"라고 밝힌 바 있다.

서양 과학자들이 "우주의 변화가 일정한 순환 질서에 의해 변화되고 있다"라는 동양철학의 진리를 과학적으로 검증한 결과를 밝힌 바 있다. 선조들은 이런 과학적 검증 과정을 소홀히 하였지만, 한 해를 24 절기(節氣)·72 절후(節候)로 구분하여 백성들이 땅에 농작물(農作物)을 심고 길러 수확(收穫)할 수 있도록 알려준 것이다.

정상적인 계절의 순환처럼 인체도 신진대사가 잘될 때 건강할 수 있다. 인체 세포가 생존하는 기간을 현대의학에서는 대략 4주 정도로 보았다. 할 일을 마친 세포가 소멸(消滅)되고 새로운 세포가 생성되는 과정을 신진대사(新陳代謝)라고 했다.

만약 이때 소멸(消滅)되어야 할 세포가 어떤 원인에 의해 죽지 않고 살아서 증식(增殖)을 계속한다면 인체는 걷잡을 수 없는 위험한 상태에 빠지게 되는데, 이를 암세포(癌細胞)라고 부른다. 인체에서 암세포는 주기적으로 생산되지만, NK세포·세포독성 T세포와 같은 면역세포가 죽이기 때문에 암으로까지 발전하지 못한다.

신진대사 비율을 높이려면 "충분한 숙면·꾸준한 운동·규칙적인 식습관·충분한 수분 섭취·적당한 녹차·커피·단백질·식초"를 섭취하는 방법이 있다.

우주만물의 이야기(9)

스스로 다스려지는 그것을 우주심이라 하는데 태양을 이고 사는 생명체 중에 인간만이 이러한 진리를 깨칠 수 있다

'나'는 누구인가? 생각이 깊어진다. 이때 '나'라고 하는 화두(話頭)로 깊은 명상에 잠기게 된다. 그러면서 자신의 몸 안에 있으면서도 따로 상호작용하는 '마음과 기(氣)'가 별도로 존재한다는 것을 알게 되었다.

데이비드 가드먼(David Godman)의 저서(著書) 『바가반의 말씀을 따른 삶』에서 바가반은 다음과 같이 밝혔다.

'나'라는 생각은 여기[심장 중심]에서 시발하여 뇌로 올라가서, 그 자신을 육신과 동일시(同一視)하여 '나는 이 몸이다'라고 하는 것이다. 그런 다음 그것은, 그 육신 안에 거주하는 하나의 마음 혹은 개인적 자아(自我)가 있고, 그것이 자기의 모든 생각과 행위들을 지배한다는 환상을 만들어낸다.
이러한 과정은 '나'란 생각이 그 자신을 몸 안에서 일어나는 모든 생각 및 자각들과 동일시함으로써 이루어진다. '나'라는 생각을 제외한 모든 생각으로부터 자기 마음을 비울 때, 진아(眞我)의 힘이 '나'라는 생각을 심장 중심으로 도로 끌어당겨 그것을 완전히 파괴하여 그것이 다시는 일어나지 않게 한다.

그런데 선조들은 이보다 훨씬 오래전부터 자신의 본질을 냉정히 응시하는 정신수련을 했다. 그리고 직접 체험한 결과들을 기록으로 남겼다. 이런 내용이 환단고기(桓檀古記) 삼신오제본기(三神五帝本紀)에 다음과 같이 기록되어 있다.

　　마음과 기운과 몸[心·氣·身]은 반드시 서로 의지해 있으나 영원토록 서로 지켜주는 것은 아니다. 생명의 집인 육신과 목숨과 혼이 주위 환경과 부딪히면 사물과 접촉하는 경계를 따라 '느낌[感]과 호흡[息]과 촉감[觸]' 작용이 일어나고,
　　삼진[三眞: 性·命·精]과 삼망[三妄: 心·氣·身]이 서로 이끌어 삼도(三途) 작용[感·息·觸]으로 갈라진다. 그러므로 삼진(三眞)이 작용하면 영원한 생명이 열리고, 삼망(三妄)이 작용하면 소멸이 이루어진다.

　　중국 발해대학 민족 경제문화연구원 서천복(徐天復)의 저서(著書) 『고대(古代) 배달 문명과 우주 시간의 비밀』에서 다음과 같이 밝힌 바 있다.

　　인간들이 고대(古代) 배달제국 음양(陰陽)의 역학(曆學), 즉 삼신일체상존(三神一體上尊)의 유법(遺法) 속에 설계된 태초의 우주(宇宙)와 만물(萬物)과 인간(人間)의 실체를 밝혀주는 참된 가르침을 깨닫지 못한다면 결코 진정한 깨달음을 얻지 못할 것이다.
　　인간이 바른 마음과 바른 숨 쉼과 바른 육신으로 하늘과 땅의 기(氣)를 받아들일 때, 인체의 정기(精氣)가 366수(數)의 혈도(血

道)와 366수(數)의 골절(骨節)을 따라 올바르게 순환된다.

삼망(三妄)으로 이루어진 인간을 건강하게 보호하며 지켜주는 인체의 생체 온도는 36.6°이다. 인간을 지켜주는 힘은 무형의 천도(天道)가 돌아가는 366수(數) 종시(終始)의 순환과 변화의 법칙에 맞추어져 있기 때문이다.

인간의 육신에 갖추어진 366수(數)의 혈도(血道)와 366수(數)의 골절(骨節)은 지구를 보호하고 있는 삼신일체(三神一體)의 일기(一氣) 안에 존재하고 있는 모든 생명체(生命體) 가운데서 오직 인간에게만 설계되어 있다.

천하의 대본(大本)은 내 마음의 '중도일심(中道一心) 자리'에 있다며, 사람이 일심(一心)의 중(中) 자리를 잃으면 어떤 일도 성취할 수 없고, 만물이 중도일심(中道一心)을 잃으면 그 몸이 넘어지고 엎어지게 된다.

그래서 선조들은 '중도일심'(中道一心)을 강조하셨다.

우주만물의 이야기(10)

보이는 세상에서 보이지 않는 공간으로 돌아갈 때 한 생명체로 마친다

자연에 적응하며 살던 선조들은 문득 많은 사람 속에 있는 자신을 들여다보고 내가 어디에 있지? 나는 누구이지? 라는 사색에 잠기면서 보이는 사람 몸 안에 보이지 않는 마음과 기운이 함께 존재한다는 것을 알게 된다.

우주에 보이지 않는 공간과 물질을 적재할 수 있는 보이는 공간이 있다면, 기(氣)는 두 공간에서 존재한다. 보이지 않는 공간에 존재하는 것은 에너지 역할로, 물질을 적재할 수 있는 공간에서는 생명체의 여정을 이끌어준다고 보았다.

그래서 생명체의 역할을 마치고 떠날 때 "하나의 존재로 마친다"라고 한 것이다. 죽음이란 숨이 끊어지는 순간 영혼 이탈로 육체에서 생명현상이 일어나지 않는 상태를 말한다. 이런 죽음을 경험한 사람이 없기에 쉽게 정의할 수는 없다.

그런데 근대에 와서 미국 병원 의사인 던컨 맥두걸(Ducan Macdougal) 박사는 '인간의 영혼 역시 하나의 물질이라는 가정과 인간은 육체와 영혼으로 구성되어있다'라는 문제를 제기하면서 학술적 연구를 시작하였다.

그의 연구 결과는 1907년 3월 11일 뉴욕타임스와 미국 의약학

회지 4월호에 "영혼의 무게를 측정하기 위해서 결핵으로 죽어가는 환자를 커다란 저울 위에 올려놓고 무게 변화를 지켜보았는데, 결핵 환자의 숨이 딱 끊어지는 순간 저울의 무게가 약 21g이 줄어들었다"라고 주장하였다.

맥두걸 박사는 자신의 이론을 증명하기 위해 개 15마리를 대상으로 같은 실험을 했지만 "사람과 달리 개는 죽을 때 몸무게의 차이를 보이지 않았다"라며, 그 이유는 "사람에게는 영혼이 있지만, 개에게는 영혼이 없기 때문"이라고 밝혔다.

영화 '버드맨(Birdman)'의 각본과 연출로 미국 아카데미 시상식[OSCAR]에서 '작품상과 감독상'을 수상한 바 있는 멕시코 출신 이냐리투(Inarritu) 감독은 2004년 10월 영화 「21g」을 개봉하면서 다시 사람들에게서 관심을 이끌게 되었다.

맥두걸 박사가 영혼의 무게를 발표한 이후, 백여 년이 지난 2022년 미국 루이빌대학교 의과대학 신경외과 연구진에 의해 "심장 박동이 멈춘 이후에도 30초간 뇌파 전달이 이어진 점에 대한 이해를 위해 연구가 필요하다"라고 발표한 바 있다.

현대의학에서는 '영혼과 육체로 구성되어있다'라는 연구 결과의 데이터가 쌓여가고 있다. 더 나아가 동양철학에서 말하는 '심·기·신'(心·氣·身)에 대한 좀 더 구체적인 연구가 진행되었으면 하는 기대를 하게 됐다.

씨앗에서 싹이 트고 자라서 결실을 얻게 되면 다시 씨앗이 되어 원점으로 돌아간다. 그리고 달도 차면 반드시 이지러졌다가 다시 생겨난다. 인간은 이 세상에 뿌리를 내렸다가 한 생을 마친다. 만물이 태어났다가 떠나는 일을 반복한다는 것이다.

이렇듯 인간은 천지 기운의 조화로 태어난다. 태어난 아이는 엄마 품 안에서 자라다가 성인이 되면 이성을 찾으면서 어른스러워진다. 이렇듯 인간은 자신의 근본인 우주심을 찾아가려는 마음을 지니고 있다.

이 과정에서 자기의 참모습을 찾으려고 하면 자신의 정체성(正體性)을 찾아야만 한다. 정체성은 자신의 근원에 대한 정확한 인식에서 나온다. 그래서 민족의 근원을 이해함으로써 자신에 대한 긍지와 존엄성이 회복될 수 있는 것이다.

자신의 모습을 살펴보니 양쪽 손, 양쪽 발, 양쪽 눈, 양쪽 귀 이 모두가 짝을 이루고 있다. 자신의 주변을 살펴보니 모든 물체는 상하좌우(上下左右)로 상대를 이루며 상부상조(相扶相助)하는 생활환경 속에 있다는 것을 알게 되었다.

그래서 선조들은 인간의 가치와 삶의 목표를 개인 완성에만 두어서는 안 된다며, 나와 이웃 모든 생명체가 하나로 연결되어 있음을 알고 그 앎을 바탕으로 자신의 영혼을 성장시키는 데 두어야 한다고 한 것이다.

삶에 대한 정체성이 국가관으로 서기 위해서는 먼저 자신의 본성을 밝히고 생명의 뿌리인 부모와 조상을 찾아 효(孝)를 갖추어야 한다. 그러고 나서 올바른 역사를 찾아 민족정신을 세움으로써 국가관을 확고히 할 수 있다.

선조들은 자연의 모습에서 진리를 찾았다

소우주라고 하는 인체도 '신장의 시원한 기운을 상체로 올려주고, 머리의 따뜻한 기운을 하체로 내려보내는 과정이 순환되어야 한다'라고 보았다

우리는 저마다 부모님의 인연으로 태어나면서 형제자매를 만나게 된다. 그리고 이웃들과 마을의 구성원이 되어 생활하게 된다. 시간이 흘러 혼인을 하고 자녀를 낳고 국가의 혜택과 보호를 받으며 지낸다. 국가들은 작은 지구 안에서 자국의 이익을 위해 이웃 국가들과 협력관계를 유지하거나 전쟁을 하며 자국을 보존시키려고 노력한다. 이런 상황에서도 지구는 태양계 행성들과 공전을 유지하고 있다.

선조들은 자연의 섭리와 이치에 따라 '인간과 만물은 태양에서 발산하는 빛과 열, 그리고 공기(空氣), 화기(火氣), 수기(水氣), 토기(土氣)의 조화(造化)로 인하여 태어나고, 자라고, 성하고, 쇠하고, 멸하는 순환과정이 반복한다'라고 보았다. 이러한 순환과정 안에는 다섯 가지 물질[물, 불, 나무, 쇠, 흙]이 함께 하고 있다고 보았다.

이러한 이치를 고대(古代) 배달제국(倍達帝國)에서 기록해 놓은 것이 환역(桓易)이다. 환역은 둥근 하늘을 창조의 본체로 보고, 땅을 변화의 작용으로 하여, 우주 만물의 실상을 아는 것이다. 이 역(易)은 태호복희씨(太昊伏羲氏)의 획역(劃易)으로 시작하여, 문왕(文王)과

주공(周公)의 작역(作易), 공자(公子)의 찬역(贊易)이라는 과정을 거쳐 주역(周易)이 완성되었다.

공자는 "복희씨가 천체의 현상과 땅의 법칙을 살펴 팔괘를 만들었다"라고 밝히면서, 주역에 십익(十翼)을 덧붙여 완성하면서 우주 변화를 측정하는 척도로 제시한 바 있다. 공자는 자연계에서 모든 생명이 이어지고 연속되는 생명 순환의 법칙을 주역과 동양철학의 정수를 통해서 태초 이후부터 계속 이어지고 있는 현상적인 실체를 확인하였다고 밝혔다.

독일 철학자인 칸트(Kant)는 '인식론'에서 "내용이 없는 사상(思想)은 공허(空虛)하며 개념이 없는 직관은 눈이 먼 사람과 같다"라고 꼬집어서 지적했다. 그러나 헤겔(Hegel)은 칸트의 이성론보다 한 단계 분화된 이념[사상]을 역사 인식의 척도로 삼자고 주장했다. "개념의 대립은 모순을 내포하고 있으며 모순과 대립은 영원한 것이 아니라며, 종합적 개념을 통해 조화롭게 될 수 있다"라고 했다.

그러나 최봉수 박사는 칸트가 말하는 "직관의 공식"이 곧 심명철학(心命哲學)이라고 밝혔다. 박사는 저서 『심명철학』에서 "태양, 달, 지구, 항성(恒星)의 좌표를 상수학적(象數學的)으로 정립했고, 생명과 의식(意識)인 명(命)과 심(心) 두 영역에서 우러나는 인간의 선천적 적성과 사람에 따라 각각 다른 질병의 원인 등을 통계학적으로 검증했다"라고 밝힌 바 있다.

자연의 물질들이 수승화강(水丞火降) 원리를 깨닫고, 소우주라고 하는 인체도 하체가 따뜻해야 신장의 시원한 기운이 상체로 올려보내고, 상체가 시원해야 머리의 열기를 하체로 내려보내는 것이 순환된다고 보았다. 이러한 기 순환이 잘 될 수 있게 하는 방법으로 '기지개 운동' 방법을 찾아낸 것이다.

기지개 운동을 하는 방법은 다음과 같다.

운동하기 전에 양손을 비벼준다. 따뜻해지면 엄지 끝을 중지의 두 번째 마디에 대면 손바닥이 오목해진다. 그 상태를 유지하면서 온기를 느끼며 양손을 가슴 앞에 모으는 데 손바닥이 닿지 않도록 사이를 둔다. 온기를 느끼면서 천천히 아래로 내린다. 단전 앞에 오면 잠시 멈추고 온기를 느껴본다. 온기가 늘어난다고 느낌으로 손바닥이 마주할 수 있을 때까지 옆으로 벌린다.

손바닥을 천천히 하늘을 향하도록 한다. 손바닥의 온기를 느끼면서 천천히 위로 올린다. 머리 백회 위에 도착하면 양손이 닿지 않도록 한 후 온기를 느껴본다. 천천히 머리까지 내려와 얼굴 앞으로 가슴으로 내려온다. 이것이 한 동작이다. 이 동작을 반복하는 운동을 하루에 한 시간 가량하면 된다. 기지개 운동을 꾸준히 하다 보면 서서히 마음이 안정되고 몸이 개운해지는 것을 느낄 수 있다.

나는 어떻게 어디로 가야 할까?

인류문명은 수천 년의 세월 동안 복잡한 사정이나 이유를 품고 역사를 수 놓으면서 그때 그 시대마다 더할 수 없이 높은 존재이며 지극히 착한 존재였음을 과시하는 기록들을 남겼다. 그렇다면 현재의 문명은 과연 무엇이 최고이며 최선일까?

현재는 고도화된 물질 분석과 가공 기술로 인해 "가공할 만한 살상 무기의 위력·전자 문명의 빠른 속도의 발전·시청각 영역의 최첨단적 세련미·빠른 물량 이동" 등 자연과학 분야는 괄목할 만한 발전을 이룩하였다.

그런데 사람들은 물질 만능주의에 빠지면, 마음이 닫혀 거칠어진다. 그러나 마음이 열린 사람은 덕(德)을 펴며 어떤 상황에서도 변하지 않는다. 이런 마음의 실체는 무엇일까? 마음과 기운은 육체에 들고나는 행동을 반복할 수 있다. 그래서 몸에 머무는 동안 우주 마음과 하나가 되어, 올바른 마음으로 도와주라고 한 것이다.

천부경의 첫 문장[일시무시일(一始無始一)]과 끝 문장[일종무종일(一終無終一)]에서 생(生)과 사(死)에 대한 과정을 설명하고 있다.

아무것도 없는 무(無)의 존재에서 유(有)의 존재로 태어나는 존재를 '하나[一]'라고 한다. 이 하나는 저마다 존재 방식은 다르지만, 그 생명은 평등하다. 그리고 공평한 방식으로 존재한다. 이처럼 공평 속에서 평등이 성립될 때 세상은 조화로운 생명력으로 넘쳐나게 한다.

이 원리를 고구려 때 을지문덕 장군은 "도(道)를 통하는 것은 덕(德)과 지혜(智慧)와 조화력(調和力)을 몸으로 직접 체득하여 실천하고, 심기신(心氣身)의 조화를 성취하면, 느낌과 호흡과 촉감이 언제나 기쁨으로 충만하여 이루어지는 것"이라고 염표문(念標文)을 강조하였다.

그 내용 중 "사람은 지혜와 능력이 있어 위대하니, 사람의 도[人道]는 천지의 도(道)를 선택하여 원만하고, 그 하는 일은 서로 협력하여 우주 본체의 세계를 만드는 데 있다. 그러므로 우주의 참 마음을 내려받아, 사람의 성품은 우주의 마음과 통해 있으니, 삼신의 가르침으로 깨우친 후 백성을 도와주어야 한다"라고 강조하였다.

인간이 가치 있는 대상을 찾아가는 과정을 살펴보면, 아이는 엄마를 찾게 되고, 성인이 되면 이성을 찾고 어른스러워지면서 삶의 존재 가치를 알고 깨달아, 인간으로서 지켜야 할 참가치를 찾아 실천하려고 한다는 것이다. 그래서 선조들은 중도일심(中道一心)을 강조한 것이다. 백성을 도와주기 위해서는 내가 먼저 중심을 유지해야만 하기 때문이다.

해가 뜨고 지고 달이 차고 기울면서 밤낮이 바뀌고 사시사철 24절기가 어김없이 순환하는 자연 질서 가운데서 그 한 부분인 인간의 명운을 어떻게 따로 생각할 수 있겠는가. 이처럼 나를 다스리기도 어려운데, 우주 본체로부터 현상계가 이루어지면서 스스로 생겨난 환경에서 어떻게 적응해야 할까?

인간의 행위가 마땅히 지켜야 할 법칙이 선천적으로 주어져 있다. 그러나 그 법칙은 신(神)이 명령하는 법칙도 아니다. 그렇다고 국가가 명령하는 것도 아니다. 우리들의 이성이 선천적으로 가지고 있는 자율적 법칙이라고 한다면, 그것을 곧 사주팔자를 뜻하는 것임은 이론의 여지가 없다.

자동차 운행과 사주팔자를 비교했을 때 개인의 사주(四柱)를 자동차로, 대운(大運: 10年 단위)과 세운(歲運: 1년 단위)과 월운(月運)은 도로로 비유할 수 있다. 심명철학(心命哲學)으로 자신의 자동차 용량이 어느 정도이고, 시발점에서 목적지까지 어떤 도로가 전개되느냐는 상황을 미리 알 수 있다. 여기에서 운전자가 어떤 마음으로 준비하고 대처하느냐는 것은 그 사람의 몫이라 할 수 있다.

유구한 세월이 흐르면서 문명과 문화가 생성 과정을 거쳐 변화되면서 소멸하기도 한다. 이러한 과정이 인류가 발전할 수 있는 길로 간다면, 그것은 인간 존중의 가치와 공공의 이익을 조화롭게 하는 방향으로 가야만 한다. 이런 정신의 집약체가 홍익인간이다. 이 정신을 바탕으로 할 때 비약적인 발전이 있을 수 있다는 것이다.

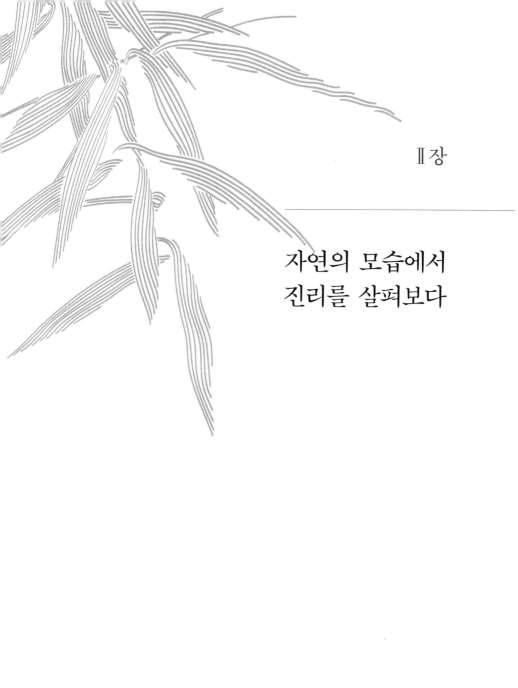

Ⅱ장

자연의 모습에서
진리를 살펴보다

자연의 진리(眞理)를 살펴보다

스스로 존재(存在)하거나 저절로 이루어지는 존재, 우리는
이 현상을 자연(自然)이라고 한다

서양에서는 '자연' 하면 영어로 'Nature'이라고 하고 '인공(人工)'
하면 'Artificial'이라고 한다. 서양에서 말하는 'Artificial'이란 인공
이 가미된 것을 말하고 그 상대개념으로서의 'Nature'은 인공이 가
미되지 않은 상태를 말하는 것이다. 단순히 인공이 가미되지 않은
상태를 자연으로 본 것이다.

그러나 동양에서의 자연은 'Artificial'의 상대개념으로서의 자연
이 아니라 '스스로 그러하다는 뜻'이 담긴 자연을 말한다. 인공이
가미 되지 않은 상태만을 말하는 것이 아니라 '그러한 것'을 포함
한 상태의 자연을 말하는 것이다. 그래서 무위자연(無爲自然)이란 말
이 생겨난 것이다.

자연은 아무 일도 하지 않는다. 아무 일도 하지 않는 자연이 '스
스로 그러하도록' 자연을 다스린다는 것이다. 이처럼 아무 일도 하
지 않으면서 다스리는 것을 가리켜 "자연의 섭리(攝理)"라 한다. 그
리고 자연의 섭리대로 이루어지는 것을 "자연의 이치(理致)"라고
하였다.

이 자연의 섭리에는 균형(均衡)과 조화(調和)라는 잣대가 들어 있다.

자연은 수시로 변(變)한다. 변하지 않는 것이 없다. 그렇다고 아무렇게 변하는 것은 아니다. 각기 다른 모습들이 하나로 어우러지며 변화하는 '자연에서의 조화(造化)'가 있고, 다른 의미로 균형과 조화를 말할 때 쓰는 '인공에서의 조화(調和)'가 있다.

인공에서의 균형은 상대적이고 정적(靜的)이라면 조화(調和)는 '동적(動的)'이다. 균형을 이루었다고 해서 그것으로 끝나는 것이 아니다. 정적인 상태를 뛰어넘어야 한다. '정(靜)'에서 '동(動)'으로 움직여야 한다. 하나를 지향해 움직일 때 조화가 생긴다. 조화가 깨지면 균형도 깨지고 균형이 깨지면 조화도 깨지기 때문이다.

예를 들어 영어로 균형이 믹스(mix) 개념이라고 한다면 조화는 블렌드(blend) 개념이다. '믹스'는 여러 성분이 골고루 섞이기는 했지만, 인자(因子)까지 변한 것은 아니다. '블렌드'는 여러 성분이 골고루 섞였을 뿐만 아니라, 그 '인자'까지 변화된 것이다. 다른 하나로 조화를 이루어낸 것이다.

또한 음악에서 사용되는 용어(用語)로 균형이 모노폴리(monopoly)의 개념이라면 조화는 포노포니(phonophony) 개념이다. '모노폴리'란 오케스트라 악기가 각각 제 소리를 내는 것을 말하는 것이고, '포노포니'는 오케스트라의 악기가 각각 제소리를 내되 튀어나오지 않고 화음을 내는 상태를 말하는 것이다. 전체의 소리에 묻혀버려서도 안 되고 튀어나와서도 안 된다. 조화란 이런 것이다.

이처럼 자연과 인간이 하나가 되는 것을 선(仙)이라 뜻한다. 인간과 자연이 합일 공존(合一 共存)하는 순간을 표현한 것이다. 내가 곧 자연이요 자연이 곧 나라는 경지에 도달한 순간이 바로 득도(得道)하는 순간이다. 도(道)란 자연의 이치와 자연의 섭리를 철학적인 용어(用語)로 표현한 것이다. 이런 의미가 담긴 선도(仙道)는 한민족의 정신문화로 신선도(神仙道)·풍류도(風流徒)라고 불리며 전해져 내려왔다.

선조들은 자연과 내가 우아일체(宇我一體) 되는 방법이 선도수련(仙道修鍊)이라는 것을 알게 되었다. '선도'는 심신(心身)의 조화점(調和點)을 찾아가는 수련이다. "심신의 조화"란 마음의 조화, 몸의 조화, 그리고 몸과 마음의 조화이다. 여기에서 마음이 우선이기는 하지만 몸도 함께 있어야 한다. 몸이 없으면 마음은 아무 일도 하지 못한다. 그래서 몸과 마음이 함께 조화를 이루어내야 한다는 것이다.

수련을 위해 "지감(止感)·조식(調息)·금촉(禁觸)"을 강조했다. "반드시 생각과 감정을 고요히 가라앉혀 마음을 맑게 하고, 호흡을 통해 기운의 흐름을 조절하고, 오감(五感)의 부딪침으로 나타나는 여러 욕망을 끊고 절제하여 진기(眞氣)가 생성되도록 해야 한다"라며, 이것이 바로 장생(長生)의 비법(秘法)이라고 말씀하셨다.

물은 생명의 원천이다

한비자(韓非子)의 형명법술(刑名法術)에 "천 길이나 되는 큰 방죽도 작은 개미집으로 말미암아 무너지게 된다[千丈之堤以鼠蟻之穴而潰]"라는 명언이 있다. 이 명언을 통해서, 우리들의 인체(人體)도 아주 사소한 무관심(無關心)으로 무너질 수 있다는 사실을 명심해야 한다.

건강을 유지하는 방법은 여러 가지가 있다. 그런데 그 방법이 자연의 원리(原理)와 자연의 조화(調和)를 거슬리는 건강법은 오히려 해(害)가 될 수 있다. 왜냐하면 모든 생명체는 자연의 섭리와 이치에 의해 생멸(生滅)하기 때문이다.

동양철학에서는 우주 만물의 구성요소를 네 가지[지(地)·수(水)·화(火)·풍(風)]로 구분했다. 그러면서 인체도 소우주이므로 인체 역시 이 네 가지의 화합물로 이뤄졌다고 보았다. 이 구성요소는 현대 과학이 검증한 내용과도 일치한다.

인체의 세포는 약 20종(種)의 원소(元素)들로 구성되어 있다. 구성 비율은 수소[63%]·산소[22.5%]·탄소[9.5%] 등은 전체의 98%를 차지하고, 나머지 2%는 칼슘· 나트륨·마그네슘·철분·망간·구리 등 원소들이다.

인체의 원소들을 동양철학에서 말하는 구성요소와 대비해 보면, '칼슘·나트륨 등은 지(地)에, 수소는 수(水)에, 탄소는 화(火)에, 산소는 풍(風)에 해당된다'라고 본 것이다. 인체도 생존을 위해 이 네 가지 구성요소들의 균형과 조화가 이루어져야 한다는 것이다.

생명체들은 4대 구성요소에 의해 탄생하고 유지 발전된다. 이런 4대 구성요소를 좋게 했을 때 비로소 건강이 이루어지는 것이다. 여기에서 중요한 사실은 좋은 물이 없다면, 참된 건강이 이루어지지 않는다는 사실이다.

좋은 물은 몸에 쌓인 독소(毒素)나 노폐물을 해독(解毒)시키고 배출(排出)시킴으로 체내의 환경을 깨끗하게 만들고 순환이 잘 되도록 해주므로 세포에 필요한 산소와 영양을 잘 공급해 준다.

이런 물의 종류는 다양하다. 암반수(巖盤水)·자화수(磁化水)·심해수(深海水)·약수(藥水)·온천수(溫泉水) 등의 종류가 있다. 그렇다면 어떤 물이 좋으냐? 라는 점이다. 과학적으로 말하면 '산화(酸化)되지 않은, 활성산소(活性酸素)가 적은 물이 좋은 물'이라고 한다. 즉 활성수소가 좋은 물이라는 것이다.

필요 이상의 활성산소는 몸속의 지방질과 결합해서 과산화 지방질을 형성한 다음 혈관 벽에 달라붙어 동맥경화를 일으키는가 하면, 생체 내 세포를 무차별적으로 공격하여 DNA를 파괴하고 여러 효소의 기능을 떨어트려, 각종 질병과 노화의 원인이 되기 때문에 유해산소라고 불리는 것이다.

그렇다고 무조건 활성수소가 많다고 좋은 것은 아니다. 산화의 반대 작용이 환원(還元)이다. 활성수소와 활성산소가 결합하여 안전한 물[$H^+ + H^+ + O = H^2O$]로 돌아가 배출되기 때문에, 부작용이 없는 좋은 물로 환원되어야 한다는 것이다.

물을 얼려서 결정체 사진을 찍는 방법으로 물을 연구를 하던 일본인 에모토 마사로(江本 勝) 박사는 다양한 물의 표정을 보게 되었다고 한다. 마사로 박사는 자신의 저서 『물은 답을 알고 있다』에서 물에도 의식이 있어서 주변의 반응에 따라 분위기를 바꾸는 힘이 발생한다고 밝히고 있다.

'사랑과 감사'라는 글을 보여 주었을 때, 물은 아름다운 육각형의 결정체를 보여 주었고, '악마'라는 글을 보여 주었을 때, 물은 중앙의 시커먼 부분이 주변을 공격하는 듯한 결정체를 보여 주었다. 물은 어떤 언어, 단어, 음악을 들려주더라도, 물은 인간의 정서에 상응하는 형태를 보여주고 있었다.

사람의 일생은 물에서 시작하였다가 물에서 끝이 난다. 사람이 살아 있는 동안 물은 끊임없이 우리 몸을 순환한다. 그래서 선조들이 심기신(心氣身)을 잘 다스리라고 하셨나 보다.

무엇을 도(道)라 하는가?

태초에는 사람들이 살아가고 있는 현상을 바라보고 무엇이라고 했을까? 선조들은 보이는 모습뿐만 아니라 보이지 않는 모습도 꿰뚫어 보고 모든 현상을 가리켜 자연이라고 했다. 우주에서 저절로 이루어지는 모든 존재나 상태를 '자연'이라고 한 것이다. 그리고 자연(自然) 그 자체를 도(道)라고 하였다.

자연의 섭리(攝理)와 이치(理致)를 철학적인 용어로 도(道)라고 표현한 것이다. 자연의 섭리(攝理)와 자연의 이치(理致)를 떠나 존재하는 것은 '하나도 없다'라는 뜻이 되기도 한다. 자연은 수시로 형상과 성질 등이 달라진다. 변화되지 않는 것들이 없다는 것이다. 이렇게 자연이 만들어내는 모습을 조화(造化)라고 하였다.

서양과 동양에서 말하는 자연의 뜻은 서로 다르다. 서양에서는 인공(人工)의 반대 개념으로서의 순수한 자연을 말하지만, 동양에서는 '스스로 그러하다'라는 철학적 개념이 담겨있다. 자연은 스스로 넘치지도 모자라지도 않게 한다. 이러한 이치를 깨닫는 순간 자연과 내가 하나가 되는 순간이다.

인간에게 도(道)란 무엇일까?

우주가 스스로 다스리고 있는 원칙(原則)이 있다면 그것은 균형

(均衡)과 조화(造化)다. 우주 안에 있는 모든 물체가 균형과 조화(調和)라는 잣대 속에 살아 움직이고 있다. 그러기 위해서는 먼저 균형을 이루어야 한다. 그리고 하나를 지향해야 한다. 인간만이 만물 중 깨달음을 얻을 수 있는 존재이기에 소우주(小宇宙)라 했다.

인간을 소우주라고 한 이유는 우주의 한 부분이면서 마치 그것이 한 덩어리의 우주와도 같은 상(相)을 나타낸다고 보았기 때문이다. 부모님은 나를 낳아 주셨고 자연은 나를 키워주신다. 자연이 나를 키워주었다는 이유는 자연은 내가 생명을 유지할 수 있도록 공기와 물과 곡식을 주셨기 때문에 키워주셨다고 한 것이다.

이제부터라도 공기와 물과 곡식에 감사해야 하는 이유가 여기에 있다. 공기와 물과 곡식은 우리에게 생기(生氣)를 준다. 공기가 없다면 한순간도 살지 못한다. 물과 곡식이 없다면 며칠이나 버틸까? 그런데도 우리는 이를 너무나 당연하다고 여기며 무심히 지내고 있었다.

선조들은 이런 자연환경 안에서 인간이 어떻게 살아야 할지 알려주었다. 인체가 피부와 살과 뼈와 혈액으로 형성되어 있지만, 인체만으로는 생명을 유지할 수 없다. 인체 안에 내재(內在)되어 있는 마음과 기(氣)를 함께 다스려야 한다며, 심기신(心氣身)을 다스릴 수 있도록 방법을 알려 주셨다.

그래서 마음의 균형과 조화, 기(氣)의 균형과 조화, 인체의 균형과 조화를 이루라고 한 것이다. 여기에서 균형만으로는 변화가 일어날 수 없다. 균형(均衡)이란 상대방과 같은 상태를 유지하기 때문에 정지된 상태이고, 조화(調和)는 균형을 뛰어넘을 때 생기는 동적(動的)인 상태다.

균형과 조화를 이루기 위해서는 마음을 다스려야 한다. 마음이 가는 곳에 기(氣)가 흐르고, 기(氣)가 흐르는 곳으로 혈(血)이 따라 흐르며, 혈(血)이 흐르는 곳에서 정(精)이 뭉쳐질 때 신(神)이 열리기 때문이다. 기(氣)는 눈으로 볼 수 없지만, 과학자들이 뇌파(腦波)를 과학적 데이터로 제시한 바 있다.

과학자들이 뇌파를 감마파[30Hz]·베타파[14~30Hz: 활동 뇌파]·알파파[8~14Hz: 명상 뇌파]·세타파[4~8Hz: 수면 뇌파]·델타파[0.4~4Hz]로 세분하였다. 눈을 감고 집중하다가 눈을 뜨는 순간 활동 뇌파로 바뀐다. 눈을 감고 집중하지 않으면 수면 뇌파로 바뀐다. 그래서 명상할 때, 정신 집중을 강조한 것이다.

정신을 집중한다는 것은 마음속에 가득 찬 의식(意識)과 생각을 버리는 것이다. 무심의 경지에 드는 것이다. 무심의 경지에 들 때 왕성한 기운이 넘치게 된다.

봉래산(蓬萊山)에서 무얼 얻어야 할까?

신라 때 최치원 선생의 시(詩) 범해(泛海)에 "… 봉래산이 지척에 보이니, 나 이참에 신선(神仙)을 찾아 나서네"라는 구절이 있다. 중국 전설에서는 보하이만(渤海灣) 동쪽에 있다는 '영주산(瀛洲山)·방장산(方丈山)·봉래산(蓬萊山)'을, 한국에서는 '금강산(金剛山)·지리산(智異山)·한라산(漢拏山)'을 삼신산(三神山)이라고 불렀다.

최치원 선생은 봉래산 선인을 찾아가는 모습을 통해, 쑥으로 선인이 될 수 있다는 비법을 알려주려고 했던 것은 아닐까. 봉(蓬) 자(字)에는 '쑥이 무성함'을 형상화한 뜻이 담겨있다. 래(萊) 자(字)에는 잡초가 무성한 '묵은 밭'을 뜻한다. 여기에서 봉래의 뜻은 '쑥이 무성한 쑥밭'을 의미한다.

한민족에게는 쑥에 대한 풍속이 많이 내려온다. 삼월 초사흗날과 오월 단옷날에 뜯은 쑥은 유난히 맛이 있고 약 기운이 좋다고 하며 쑥국을 먹었다. 민가에서는 단옷날 쑥 한 묶음을 문 앞에 세워 두면 질병이 침입하지 못한다고 믿었고, 단옷날 닭이 울기 전 사람 모양을 한 쑥을 뜯어 뜸을 뜨면 모든 병을 예방한다고 믿었다.

선조들은 이 쑥 냄새를 좋아하여 신선하고 청순한 아가씨를 일러 '쑥 향이 나는 낭자'라고 했으며, 오월 단옷날에 캔 쑥으로 기름불의 심지를 만들어 불을 밝히면 눈이 밝아지고 피부병이 생기지 않는다고 했다. 쑥 냄새는 파리나 모기 등을 죽일 뿐만 아니라 공기를 정화하는 역할도 한다고 믿었다.

중국 고서 문헌통고(文獻通考)에 의하면, 동방 사람들은 푸른 쑥을 쌀가루에 섞어 떡을 만들어서 윗머리에 괴어 놓는다. 조선 시대 동국여지승람(東國輿地勝覽)에 송도(松都)의 풍속에 상사일(上巳日)의 푸른 쑥떡을 제일로 여기는데 이를 청호병(靑蒿餅)이라고 부른다는 기록이 있다.

　　이런 쑥을 한국 농촌진흥청과 일본 과학기술청에서 쑥의 성분을 분석한 결과가 있다. 쑥 100g에 수분 81.4g, 회분 2.0g, 단백질 7.7g, 철 10.9g, 섬유 3.7g, 비타민 B2 0.23g, 인 70mg, 당질 4.0g, 비타민 B 0.12mg, 칼슘 140mg, 비타민 C 22mg, 비타민 A 7,940IU, 지질 0.8g, 니아신 1.5mg 성분이 들어있다고 밝혔다.

　　현대 과학자들은 쑥에 치네올·콜린·유칼리프톨·아데닌·모노기닌·아르테미신 등의 성분이 있는데, 이 성분이 강한 정혈(淨血)·해독·항균·강장·강정·소염·진통·면역·이뇨·혈·식욕 증진 등에 효과가 있다고 과학적 데이터를 제시했다. 더 나아가 암세포를 억제할 수 있다는 연구가 진행되고 있다.

　　동양의학에서는 첫째가 뜸이라며, 다양한 뜸 치료 방법이 제시되고 있다.

　　첫째 방법은 인산(仁山) 김일훈(金─勳) 선생이 난치병을 다스릴 수 있는 뜸 방법을 제시하였다. 선생은 종래의 통념을 버리고 혁신적인 학설을 제시하였다. 그러면서 이 방법으로 치료 효과를 얻기 위해서는 환자가 확고한 신념을 가지고 실행할 때 건강한 삶을 찾을 수 있다고 밝혔다.

선생이 제시한 뜸 치료 방법은 피부에 쑥을 올려놓고 태우는 직접구법(直接灸法)이 있으며, 생강·마늘·부자·소금 등을 뜸 자리에 놓고 그 위에 뜸 쑥을 올려놓고 태우는 간접구법(間接灸法)이 있다고 했다. 그러나 직접구법으로 뜸을 뜨게 되면 피부에 화상을 입어 고생할 수도 있다.

둘째 방법은 백승(白承) 목관호(睦款皓) 박사가 회음(會陰)에 생불로 쑥뜸 하는 방법을 제시하였다. 원래 회음(會陰)에는 생불로 쑥뜸을 뜰 수 없다. 그런데 박사는 과학적으로 검증된 쑥뜸기 위에 앉아서 회음(會陰)에 생불로 뜸을 할 수 있도록 하는 연구 결과를 발표했다.

옛 의서(醫書)에 수승화강이 이루어지면 신장의 물기운이 위로 올라가고, 심장의 더운 기운이 아래로 내려간다는 기록이 있다. 내 몸에서 수승화강이 잘 돼야 음양 균형이 이루어지고 몸의 생리적 기능이 정상적으로 유지된다. 목관호 박사는 인체에 부작용 없이 쑥뜸을 할 수 있는 '생불 쑥뜸' 방법을 계발한 것이다.

평상시 매일 규칙적으로 '회음'에 뜸을 해 평생 건강하게 유지하기를 기원한다.

현빈일규(玄牝一竅)에 대한 가르침

신라 때 최치원은 자연의 섭리와 이치를 통찰하고 기(氣)의 생성 원리를 명쾌하게 설명했다. 난랑비 서문(鸞郎碑 序文)에서 나라에 현묘(玄妙)한 도(道)가 있으니 이를 풍류(風流)라고 밝혔다. 그 뜻은 신비스러운 자연의 섭리와 이치를 깨닫고 자연과 함께 멋스럽게 아우러져야 한다는 가르침이다. 최치원은 이 경지에 이르게 되는 이치를 현빈일규(玄牝一竅)로 설명했다.

현빈일규(玄牝一竅)에서 '玄'자는 천기(天氣)를 뜻하며 양기(陽氣)를 상징한다. '牝'자는 지기(地氣)를 뜻하며 음기(陰氣)를 상징한다. '竅'자는 구명을 뜻한다. 천기(天氣)와 지기(地氣) 사이 공간에 합(合)을 이루면 '하나의 구멍'이 생기며, 그곳에서 기(氣)가 머무르고 교감이 그치지 않는다는 것이다.

최치원이 '하나의 구멍'에서 기(氣)가 머문다고 한 뜻은 어떤 의미일까? '하나의 구멍'을 과학적인 방법으로 비유하여 설명하자면, A 지점과 B 지점에서 무전기(無電機)로 교신하려고 한다고 하자. 그렇게 하려면 우선 무전기의 주파수가 연결되어야 하는 것처럼, 천기(天氣)인 우주의 주파수와 지기(地氣)인 땅의 주파수가 연결되면, 그 선(線)으로 에너지가 왕래하는 것과 같은 이치다.

인간의 구성 또한 같다고 할 수 있다. 인간의 신체는 보이는 물질과 보이지 않는 것으로 되어있다. 보이는 것은 몸이다. 몸은 피부와 살과 내장이 있으며 뼈와 세포가 있다. 보이지 않는 것은 '기(氣)'

와 마음'이다. 이 '기(氣)와 마음'은 보이지도 않고 형체와 크기와 냄새와 색깔도 없지만, 엄연히 존재한다.

인체의 혈관에는 혈액(血液)이 흐른다. 혈액에 일정한 자장을 걸어주면 '산소 원자'와 '수소 원자'가 정렬했다 흩어졌다 하면서, 한 지점에서 다른 지점으로 전기량을 옮기는 데 필요한 두 점 사이의 '전압의 차이'를 발생시킨다.

이 힘은 암세포의 결정구조를 흔들어 파괴하기도 하고, 혈관 내의 자율신경을 자극하여 피의 흐름을 촉진(促進)시켜 주기도 한다. 이 전압의 차이를 발생시키는 힘이 바로 기(氣)다.

우리 주변에서 '기(氣)'라는 말을 흔히 사용한다. '기(氣)'라는 이 말은 일반화되어 사용되고 있지만, 아직도 과학적으로 풀 수 없는 그 무엇이 있기에 더 '기(氣)'에 관심을 갖게 하는지도 모른다.

서양 과학에서는 눈으로 볼 수 있어야 한다. 그리고 수치화할 수 있어야 한다. 반면 동양철학에서는 눈으로 볼 수 없는 부분을 예리하게 꿰뚫어 보는 통찰력으로 보이지 않는 내면을 관찰할 수 있기 때문이다.

우리가 마음과 기(氣)는 눈으로 볼 수 없지만, 그 작용은 느낄 수 있다. 그리고 그 내용을 수치화할 수 있게 되었다. 그래서 과학의 이름으로 말할 수 있는 것이다. 뇌파(腦波)의 주파수는 감마파(30Hz)·베타파(14~30Hz)·알파파(8~14Hz)·세타파(4~8Hz)·델타파(0.4~4Hz)로 세분할 수 있다. 그리고 인간의 활동 변화를 활동 뇌파와 명상 뇌파와 수면 뇌파로 구분해 볼 수 있다.

잠자는 사람의 뇌파를 측정하면 8Hz 이하로 떨어지고, 수면에서 깨어나 활동하는 사람의 뇌파를 측정하면 14Hz 이상으로 상승한다. 그런데 명상을 하는 사람의 뇌파를 측정하면 8-14Hz 사이에 있다. 그래서 선조들은 수련을 얼마나 오래 했느냐 보다, 얼마나 집중했느냐를 따지는 이유이다.

옆에서 굿을 하는데 어떻게 몰두할 수 있지? 보통 사람들에게는 어려운 일이다. 그러나 수련자가 무아(無我)의 경지에 들면 변별력이 생기기 때문에 가능하다는 것이다. 옛말 중에 '업어가도 모른다·독서삼매'란 말도 들어보았을 것이다. 마음을 한곳에 몰두하면 옆에서 굿을 해도 모르는 법이다.

그래서 선조들은 "공부에 앞서 먼저 인간이 되자"라고 한 것이다. 인간이 되자는 말은 마음공부를 먼저 하자는 말이다. 마음공부란 어떻게 하는 것일까? 그렇다 "인간의 도리를, 자연의 이치를, 사욕편정을 버리고 함께 사는 지혜"를 깨우치는 공부이다.

깨우침이란 아하! 그렇구나! 하고 스스로 터득하고, 잣대를 만드는 것이다.

기(氣)는 우리 몸에서 어떤 역할을 할까?

기(氣)는 눈에 보이지 않는다. 그런데도 일상생활에서 '기가 차다, 기가 살다, 기가 죽다, 상기(上氣)되다, 기운(氣運)이 없다, 기력(氣力)이 넘친다, 기진맥진(氣盡脈盡)하다, 기절(氣絶)하다'라는 말을 사용하고 있다. 우리는 이런 '기(氣)'를 활동의 근원이 되는 힘[power]이라고 한다. '기(氣)'는 온 우주를 순환하며 작용한다.

인간은 보이는 것과 보이지 않는 것으로 구성되어있다. 보이는 것에는 육체이고, 보이지 않는 것에는 '기와 마음'이 있다. 이 '기와 마음'은 보이지도 않고 형체와 크기와 냄새와 색깔도 없지만, 엄연히 존재한다. 보이지 않지만, '기(氣)'의 작용으로 몸과 마음이 균형과 조화를 이루어 행동으로 표현되는 것이다.

그래서 선조들은 우주 만물은 '기(氣)'에 의해 서로 연결되어있다며, '기(氣)'를 통해 너와 내가 하나인 것을 알게 되고 나와 우주가 하나[우아일체(宇我一體)]인 것을 알게 된다고 한 것이다.

특히 고려 때 서적 대변경(大辯經: 조선 세조 3년 수서령 목록에 있음)에 "마음과 기운과 몸은 반드시 서로 의지해 있으나 영원토록 서로 지켜주는 것은 아니다. 생명의 집인 육신(肉身)이 주위 환경과 부딪히면서 사물과 접촉하는 경계를 따라 삼도(三途: 느낌·호흡·촉감)의 작용이 일어난다"라는 기록이 있다.

이 삼도(三途)를 작용하게 만드는 힘은 삼진(三眞: 성·명·정)과 삼망(三妄: 심·기·신)이다. 그러므로 삼진의 작용으로 영원한 생명이 열리고, 삼망으로 소멸이 이루어진다"라고 한 것이다.

삼도(三途)는 느낌과 호흡과 촉감의 작용이니, '느낌'에는 기쁨과 두려움과 슬픔과 노여움과 탐욕과 싫어함이 있고, '호흡'에는 상승기운이 느껴지는 호흡과 하강하는 기운이 느껴지는 호흡과 차가움과 더움과 마름과 습함이 있고, '촉감'에는 소리와 빛깔과 냄새와 맛과 음탕함과 살닿음이 있다.

삼진(三眞)은 성품과 목숨과 정기이니, 사람은 이를 온전히 받으나 만물은 치우치게 받는다. '참된 성품'은 선하여 악함이 없고, '참 목숨'은 맑아 흐림이 없으며, '참 정기'는 후덕하여 천박함이 없다.

삼망(三妄)은 마음과 기운과 몸이니, 마음은 타고난 성품에 뿌리를 두지만, 선과 악이 있고, 기는 생명에 뿌리를 두지만 맑음과 탁함이 있고, 몸은 정기에 뿌리를 두지만 후덕함과 천박함이 있다.

모든 사람은 마음의 선악과 기운의 청탁과 몸의 후덕함과 천박함이 서로 뒤섞인 경계의 길을 따라 나고 자라고 늙고 병들고 죽는 고통에 떨어진다며, 감정을 절제하고, 호흡을 고르게 하고, 촉감과 자극을 억제하여, 오직 한뜻으로 삼망을 바로잡아 삼진(三眞)으로 전진할 때, 맑은 성품을 깨닫고 그 공덕을 완수한다고 한 것이다.

'기(氣)'는 바라보는 관점에 따라 천기(天氣)와 지기(地氣), 외기(外氣)와 내기(內氣), 원기(元氣)와 정기(精氣)와 진기(眞氣), 음기(陰氣)와 양기(陽氣), 오행의 기(氣: 목기·화기·토기·금기·수기) 등으로 다양하게 분류되지만, 이런 언어의 틀 속에 가둘 수 없는 자유로운 '생명현상'이다.

　이 생명현상은 끊임없는 흐름 속에서 뭉쳤다 흩어지면서 작용한다. '기(氣)'가 뭉쳐지면 물질이 되고 생명이 되고 사물이 된다. 인체도 피[수분]의 순환이 원활하면 '기(氣)'도 잘 흐르지만, 노폐물이 적체되어 피[수분]의 흐름이 약해지면 몸의 상태가 변하고 '기(氣)'의 작용도 변화된다. 이런 '기(氣)'의 분포와 구조는 사람마다 다르고 그 시기와 상황에 따라 변하게 된다.

　예를 들어 튼튼한 장을 가진 사람도 허리를 다치면 장이 약해지고 장을 다쳐도 허리가 약해질 수밖에 없다. 신체의 어떤 부위가 아프면 그곳에 '기(氣)'의 흐름이 정체되었다고 보면 된다.

　정체된 자리를 누르거나 자극하면 정말 아프다. 통증을 이겨내야 한다. '기(氣)'를 소통시키는 적극적인 방법으로 아픈 자리를 자주 눌러 줄 것을 권한다.

과학적 방법으로 밝혀진 생체전기체

선조들은 우주 생명의 바탕 자리는 근원적인 하나의 창조 정신으로 이루어져 있다고 보았다. 우주가 상대적인 창조와 변화 운동을 시작하면, 하나는 세 가지 작용의 신묘한 원리로 하나의 근원으로 보았다.

그것을 천지인(天地人)·삼재(三才)·삼극(三極)이라고 하였다. 천지만물을 창조해내고 운행하는 주체인 하늘과 땅에 만물의 조화와 질서를 주관하는 주체적 존재로서, 인간의 역할을 완성해낸 개념으로 보았다.

기(氣)는 우주 만물의 진정한 실체인 우주적 생명력이며 물질적인 몸과 마음 사이를 연결하는 고리이다. 그래서 선조들은 우아일체(宇我一體)를 달성하기 위해 심기신수련(心氣身修練)을 하였다.

동양철학이 밝힌 기(氣)를 과학에서 어디까지 접근했을까?

첫째, 한국해양연구원 부설 극지연구소 홍성민(洪聖旻) 연구팀은 1918년 프랑스 연구팀과 함께 "그린란드 빙하지층 3,000m를 시추하여 연구한 결과, 전리층에서 생성된 백금(Pa) 성분들이 빙하지층에도 고르게 분포되어 있었다"라고 밝혔다.

둘째, 스웨덴의 물리학자 리제 마이트너(Lise Meitner)는 독일의 화학자 오토 한(Otto Hahn)과 함께 우라늄이 중성자를 흡수하면 핵분열을 일으킨다는 것을 처음으로 발견했다. '핵분열 실험'하던 과정에서 "핵이 폭발할 때 발생했던 백금(Pa)이 바로 다른 물질로 변화된다"라는 결과를 1939년 초 논문으로 발표했다.

셋째, 소련 전기기사이자 사진사였던 세미욘 키를리언(Semyon Kirlian)은 크라스노다르(Krasnodar)의 한 병원에서 전기 의료기를 수리하다가, 의료기에 가까이 닿은 피부에서 희미한 빛이 방사된다는 사실을 관찰한 후, 촬영 장치를 만들어 많은 시험 끝에 생명체에 따라 독특한 빛이 방사된다는 것을 1939년 확인했다.

넷째, 생불[生火] 쑥뜸 연구원장 목관호(睦款皓)는 1995년 인하대 화학분석실장 임형빈 박사와 흡광도 분석기를 이용하여 사리 1과(顆)의 성분을 분석한 결과, "지름 0.5cm 정도의 팥알 크기 사리에서 방사성 원소인 프로액티늄(Pa)·리튬(Li)·폴로늄(Po) 등 12종이 검출되었음을 확인하였다.

뇌과학 분야 전문가 박문호는 "뇌의 작용 결과가 총체적으로 드러낸 것은 결국 우리의 행동이라며, 명상에 든 사람 뇌파를 측정하니 알파파[8~14Hz]였다. 그러나 뇌파가 14Hz 이상으로 올라가면 활동 뇌파가 되고, 8Hz 이하로 떨어지면 수면 뇌파가 된다"라는 연구 결과를 발표한 바 있다.

위에서처럼 과학자들이 태양광에 의해 광합성된 외계 금속성 물질들이 지구 보호막 전리층에 모여 있다가 양 전위·음 전위소립자 물질로 변화되어 지구로 쏟아져 내려온다는 것이다. 그런데 왜 보통 사람과 동식물에는 발견되지 않고, 왜 사리에 프로트악티늄(Pa) 성분이 다량으로 함유되어 있을까?

그 이유는 수련자들이 깊은 명상에 잠기면 뇌파가 알파파
[8~14Hz]로 유지되면서, 백회(百會)로 들어온 프로트악티늄(Pa) 주
파수와 융합하면서 수련자 몸에 들어와 뭉친다고 보는 것이다. 이
처럼 인체의 경락은 중요한 역할을 한다.

인체에서 백회(百會) 다음으로 중요한 경락 자리는 회음(會陰)이
다. 회음 자리는 항문과 생식기 사이에 있으면서, 독맥(督脈)과 임맥
(任脈)이 모이는 자리로 기(氣)가 시작되는 경혈(經穴) 자리이기도 하
다. 그러나 이 경혈 자리는 아주 민망한 위치에 있어 거의 상용하지
않는 자리 중 하나이다.

그런데 목관호 박사는 피부 화상 없이 회음(會陰)에 쑥뜸을 하여
치료 효과를 얻을 수 있는 '생불 쑥뜸기'를 발명하여 특허 등록을
한 바 있다. 회음에 하는 뜸은 기(氣)와 혈(血)을 강제로 순환시키는
강력한 펌프 역할을 한다.

쑥뜸 방법은 집에서 활동하는 옷을 입은 채로 의자에 앉듯 앉아
서 1회에 30분을 하루에 3회 정도 하면 된다. 이 뜸만으로 누구나
쉽게 수승화강(水昇火降)이 이루어질 수 있게 되어있다.

사리(舍利)에 함유되어 있는 프로트악티늄(Pa)

무협 소설이나 영화를 보면, 감당하기 어려운 일을 당한 젊은이가 깊은 산 속으로 간다. 젊은이는 우연히 어느 도인(道人)을 만나 큰 바위 위에서 큰 바위 밑에서 한(恨)을 땀으로 풀어내며 수련을 하게 된다.

힘든 과정을 거쳐 몸 안에 있는 십이경맥(十二經脈)과 기경팔맥(奇經八脈)을 원활히 운기(運氣) 시키는 경지에 이르게 되면, 스승에게 수련 결과를 검증받고 하산하여 올바른 마음으로 사람들을 도와준다는 줄거리를 보았을 것이다.

젊은이는 왜 큰 바위 주변을 맴돌았을까?

동양 철학자들은 "우주 만물은 기(氣)의 흐름이 만들어내는 한시적인 현상이다. 기(氣)는 끊임없는 흐름 속에서 뭉쳤다 흩어지면서 물질이 되고 생명이 되고 형상이 되고 사물이 된다. 기(氣)는 생겨나고 머물다가 사라진다"라는 정의(正義)만 내리고 그 진리를 학술적으로 검증해야 할 필요성을 느끼지 못했다.

그런데 서양 과학자들은 '바위에 광물질이 함유되어 있어서 미세한 에너지가 분출되고 있다'라고 밝힌 바 있다. 그래서 젊은이가 이 에너지의 힘을 활용하기 위해 바위 주변에서 수련하여 경지에 도달할 수 있었다고 볼 수 있다.

이런 과정을 과학적으로 설명할 수 있는 연구 결과가 있어 소개하고자 한다.

현대 과학자들은 빙하지층(氷下地層)을 시추하여 성분을 분석 결과, 프로트악티늄(Pa) 물질이 고르게 분포되어 있다는 것을 확인하였고, 또한 핵(核)이 폭발할 때 프로트악티늄(Pa) 성분을 발견했다는 연구 논문들이 있다. 이러한 연구 결과에 따르면 대기권에서 지구로 떨어지고 있다는 것을 추측해 볼 수 있다.

그리고 목관호 박사의 요청으로 인하대 연구소에서 사리를 분석하게 되었다. 이 사리 1과(顆)의 성분을 분석한 결과, "지름 0.5cm 정도의 팥알 크기 사리에서 방사성 원소인 프로트악티늄(Pa)·리튬(Li)·폴로늄(Po) 등 12종이 검출되었음을 확인하였다. 사리에 섭씨 1300c 이상의 열을 가해도 재가 되지 않는다.

대기권과 바위에서 발생하는 에너지 성분이 수련자 몸에서 두 가지 작용을 한다고 보았다.

첫째는 태양광에 의해 광합성(光合成)된 외계 금속성 물질들이 지구 보호막 전리층을 형성한다는 것이다. 전리층에 모여 있던 금속성 물질들은 전기체를 띤 양 전위·음 전위소립자 물질로 변화된다. 이 소립자 물질들이 지구로 쏟아져 내려오는데, 이때 인간들은 공기[天氣]를 흡입할 때 이 백금을 받아들인다. 이때 당사자가 의식하지 않고 있으면 코로 흡입된 백금은 영양물질 역할만 한다는 것이다.

둘째는 수련자들이 깊은 명상에 들면 백회(百會)가 안테나 역할을 하는데, 이때 뇌에 내장되어 있던 전기적 주파수가 안테나를 통해 프로트악티뮴 주파수와 접촉하면서 공진현상을 일으키며 수련자의 백회로 빨려 들어와 뭉치면서 사리의 주요성분이 된다고 보는 것이다.

지금까지 과학자들이 자연현상에 대해 부분적으로 밝혀낸 연구결과들을 종합해서 기(氣)를 설명해 보려고 노력했다. 그러나 아직은 과학만으로 풀어낼 수 없는 그 무엇이 있어 보인다. 그 무엇 때문에 자기가 체험한 것이 제일이라고 주장하게 된다. 그래서 사람들이 혼란스러워하면서도 더 마음이 끌리는지도 모른다.

여기에서 중요한 것은 "주변에 있는 모든 것들이 끊임없는 변화의 흐름 속에 내가 존재한다"라는 사실이다. 내가 수련을 통해 감각을 일깨우지 않으면, 변화와 흐름을 느낄 수 없고, 에너지의 진동도 느낄 수 없다는 것이다.

이 감각을 일깨우면 사리(私利)와 공리(公利)를 놓고 조화롭게 균형을 이뤄 올바른 마음으로 도와줄 수 있으나, 감각이 단절되면 사리에 빠져 병이 떠나지 않고 계속 머물러 있게 된다.

자연이 가르쳐준 지혜

자연은 인간에게 생명을 주었고, 어울려 살라는 가르침을 주었으며, 조화(調和)를 이루며 살라는 정신(精神)을 주었다. 사람들의 삶터에는 위계(位階)라는 정신세계가 있다. 생업에 종사하고 있는 사람들의 자리·정치(政治)의 자리가 있다. 여기에서 사람들은 정치의 지배를 받게 되어있다.

민심(民心)이 천심이라는 말처럼 민심이 떠난 정치는 정치가 아니다. 그러나 의롭다고 모든 것이 다 되는 것이 아니다. 의(義)는 덕(德)의 지배를 받게 되어있다. 바르게 한다고 잘 되는 것이 아니다. 덕을 쌓아야 한다. 덕을 쌓는다는 것은 선(善)을 쌓는 것이다. 덕을 쌓으면 반듯이 경사가 뒤따른다.

정치(政治)는 사람들의 위임을 받아 국가 권력을 획득하고 유지하며 행사하는 활동을 한다. 그래서 모두 정치를 하고 싶다고 뛰어들고 있다. 그렇다면 정치가 제일일까? 아니다. 정치는 의(義)의 지배를 받게 되어있다. 아무리 정치가 사람들을 지배한다고 해도 의롭지 못하면 안 된다.

보이지 않는 마음의 자리에서 덕의 자리는 그만큼 소중한 자리이다. 아무리 덕망이 높은 사람도 도(道)를 떠나서 존재할 수 없기 때문이다. 이 도(道)의 자리는 모자라지도 넘치지도 않는 자리이다.

인간을 가리켜 만물의 영장이라고 하지만 인간 역시 자연의 일부일 뿐이다.

사람들은 무엇인가를 느끼고 의식하며 하루하루를 살아간다.

첫째는 학이지지(學而知之)이다. 사람들이 체험으로 아는 것은 한계가 있다. 그래서 자신이 체험하지 못한 지식을 책을 통해 흡수하려고 한다. 독학으로 배우는 것도, 학교에서 배우는 것도 학이지지이다. 득도(得道)한 사람들이 스스로 깨우쳐서 얻은 지식을 우리는 각이지지(覺而知之)라고 한다.

둘째는 생이지지(生而知之)이다. 배우지 않고도 나면서 안다는 것이다. 이러한 사람들은 앞을 미리 내다본다. 자신의 운명도 안다. 어떻게 사는 것이 최선인가를 알고 순리대로 산다. 영계(靈界)에서 바로 환생하는 사람은 영계의 모든 기억을 그대로 간직하고 있어 배우지 않고도 알 수 있는 것이다.

셋째는 영이지지(靈而知之)이다. 명상을 하면 영계에서 계시를 통해 알게 된다. 그러나 무당이 하는 말은 일백성계(一白星界)의 영들이 전하는 말이지만, 영이지지가 전하는 말은 천신계(天神界)의 최고봉인 구자성계(九紫星界)에서 오는 말이다. 구자성계에서 오는 말은 진리이다.

이처럼 지(知)는 여러 가지로 온다. 자신의 지(知)는 어디에 속하는가? 한번 생각해 볼 일이다. 왜냐면 자신을 아는 사람이 가장 현명한 사람이고 분수껏 사는 사람이 가장 행복한 사람이기 때문이다. 하늘을 우러러 한 점 부끄러움 없이 사는 삶이 가장 아름다운 삶이기 때문이다.

사람들이 착하고 올바름을 아는 것은 나쁜 짓이 무엇인지 알기 때문이다. 그래서 바른 도리에 어긋나는 온갖 정욕·음욕·방종 따위를 버리고 더불어 사는 지혜를 깨우치라고 한 것이다. 깨우침이란 아 그렇구나! 하고 스스로 터득하는 것이다. 스스로 기준을 만드는 것이다.

바른 마음·바른 생각·바른 행동

먼저 마음을 다스려야 한다. 그리고 육체를 다스려야 한다. 이렇게 구분해서 말하지만 실은 동시에 해야 한다. 육체는 거짓말을 하지 않는다. 그러나 마음은 그렇지 않다. 거짓말을 한다. 그래서 마음은 속일 수 있어도 육체는 속일 수 없다고 하는 것이다. 그런데 마음공부 없이 육체에만 신경 쓰면 목적지를 잃은 항해나 다름없다.

그래서 인간의 도리·자연의 이치·어울려 사는 지혜를 깨우치라고 한 것이다.

우아일체(宇我一體)란 무엇인가

　자연적으로 생성되거나 갖추어진 지구상의 환경을 자연환경이라고 한다. 이 자연환경을 인간 중심으로 볼 때, 지구 표면의 생김새에 따라 기온·비·눈·바람 따위의 기체층 영향으로 각기 다른 식물의 집단이 형성된다. 이런 자연환경에 의해 인간의 생활은 그 지역의 특성에 따라 서로 다른 문화가 형성되게 된다.

　선조들은 직관(直觀)을 통해 자연의 실상을 보고 관념(觀念)을 만들어냈다. 이렇게 새로운 상황이 전개되면 그에 맞는 이름을 붙인다. 그 이름을 붙이는 순간 그에 합당한 의미를 지니게 되고 새로운 개념(槪念)을 지닌 낱말로 서전에 기록된다. 그래서 직관이 현재 진행형이라면 개념은 과거 완료형이라고 할 수 있다.

　우리는 자연의 실상(實像)을 냉정히 응시할 수 있어야 한다. 자기만의 견해나 관점을 싣지 않고 보아야 한다. 물이 흐르면 흐르는 대로 보이는 그대로를 보아야 한다. 물의 흐름을 간섭하거나 관여할 때 자연의 실상을 있는 그대로를 볼 수 없게 된다. 세상의 이치를 깨우칠 수 없게 된다는 사실이다.

　자연은 정복(征服)할 수 있는 대상이 아니라, 공존(共存)의 대상이다.

자연은 아무 일도 하지 않는다. 아무 일도 하지 않는 자연이 스스로 그러하도록 다스려진다. 이처럼 아무 일도 하지 않으면서 다스려지는 것을 자연의 섭리(攝理)라 하고, 자연의 섭리대로 이루어지는 법칙을 자연의 이치(理致)라고 한다. 그리고 자연의 섭리에는 균형(均衡)과 조화(調和)라는 잣대 속에 세상만사가 펼쳐진다.

균형을 저울대로 표현할 수 있다. 저울대는 양쪽의 무게가 같아야 저울대가 수평을 이룬다. 저울대의 기능은 수평을 이루는 것이다. 수평이 무너지면 균형은 무너지는 것이다. 자연도 마찬가지다. 우주의 질서도 마찬가지다. 균형이 무너지면 자연의 질서도 우주의 질서도 무너진다는 것이다.

균형과 조화를 뒷받침하는 힘은 구심력(求心力)과 원심력(遠心力)이다. 물체가 원(圓)운동을 할 때 중심으로 쏠리는 힘과 회전 중심에서 멀어지려는 힘이다. 우리가 자연재해라고 부르는 태풍이나 해일도 자연의 입장으로 보면 균형과 조화를 유지하기 위한 하나의 몸부림이다. 구심점이 변할 때 태풍이 일고 해일이 이는 것이다.

우리의 삶터인 지구(地球)는 남극과 북극을 잇는 선을 축으로 반시계 방향으로 회전하면서 태양의 궤도를 따라 한 치의 오차도 없이 돌고 있다. 안으로 잡아당기는 힘 구심력(求心力)과 회전 중심에서 멀어지려는 원심력(遠心力)의 힘의 작용이 있기 때문이다. 그러면서 지구는 태양·달·별의 영향을 받는다.

이렇게 자연이 생겨나게 하고 변하게 하는 현상은 자연의 영역이기 때문에 조화(造化)라고 하고, 어떤 형상들이 어우러지게 하는 이것은 인간이 만들어 낸 것이라 하여 조화(調和)라고 한다. 조화(調和)라는 단어는 균형(均衡)과 조화(調和)를 이야기할 때 사용되는 단어이다.

어떤 형상이 넘치지도 않고 모자라지도 않은 작용이 형성될 때는 그 속에 이미 조화가 이루어지고 있기 때문이다. 균형이란 기울어짐 없이 정지된 상태이고, 조화(調和)란 전체라고 하는 하나를 지향해서 움직이는 것이다. 인간이 추구하는 것은 하나를 지향하는 조화(調和) 속에서 조화(造化)의 모습을 찾는 것이다.

선조들은 자연의 모습을 살펴보면서 스스로 자신을 되돌아보라고 하였다. 그리고 우아일체(宇我一體)를 이루라고 하였다. 우아일체란 인간이 곧 자연이요. 자연이 곧 인간이라는 뜻이다. 인간과 자연이 하나로 이루어지는 순간을 표현한 것이다. 자연이 곧 나[我]라는 깨달음을 얻은 그를 홍익인간이라고 하였다.

홍익인간이 되기 위해서는 먼저 심신(心身)의 균형과 조화로 우아일체(宇我一體)를 이루어야 한다. 이 경지에 도달하게 되면 생명의 실체를 알게 되어 너와 내가 하나임을 알고, 사적인 마음을 버리고 전체 이익을 위한 일에 삶의 뜻을 두고 실천하게 된다. 올바른 일을 하려면 내가 먼저 중심을 유지해야만 하기 때문이다.

한민족 얼이 담긴 노래, 어아가(於阿歌)

어아가(於阿歌)는 배달국 때부터 매년 하늘에 제사를 지낼 때 삼신(三神)을 맞이하며 부르던 제천가(祭天歌)다. 특히 고구려 광개토대왕(廣開土大王)은 전쟁에 임하는 군사들에게 항상 어아가를 부르도록 하여 사기를 돋우었다. 어아가를 부르게 하여 모두가 삶의 뿌리에 감사하며 우아일체(宇我一體)의 뜻을 알게 한 것이다.

삼신(三神)을 맞이한다는 뜻은 태양의 빛과 열을 삼신의 공적과 재능으로 여기며, 만물이 생겨나고 자라고 발전해 가는 모습에서 삼신의 심정과 뜻을 헤아렸다. 재앙과 행복은 원인과 결과에 따라 선악(善惡)으로 대갚음 받는다고 믿게 되었다.

고구려 명재상 을파소(乙巴素)는 나이 어린 영명한 준재들을 뽑아 선인도랑(仙人徒郎)으로 삼았다. 이들 중 교화를 주관하는 자를 참전이라고 하였다. 그리고 여러 사람 중에 계(戒)를 잘 지키는 사람은 신에게 제사 지내는 일을 맡겼다.

하늘에 제사 지낼 때 하늘 맞이 음악, 그 노래가 '어아가(於阿歌)'이다.

어아가(於阿歌)

어아 어아
우리 대조신의 크나큰 은덕이시여!
배달의 아들딸 모두
백백천천 영세토록 잊지 못하오리다.

어아 어아
착한 마음 큰활이 되고 악한 마음 과녁 되네.
백백천천 우리 모두 큰 활줄같이 하나 되고
착한 마음 곧은 화살처럼 한마음 되리라.

어아 어아
백백천천 우리 모두 큰활처럼 하나 되어
수많은 과녁을 꿰뚫어 버리리라.
끓어오르는 물 같은 착한 마음속에서
한 덩이 눈 같은 게 악한 마음이라네.

어아 어아
백백천천 우리 모두 큰활처럼 하나 되어
굳세게 한마음 되니 배달나라 영광이로세.
백백천천 오랜 세월 크나큰 은덕이시여!
우리 대조신이로세.
우리 대조신이로세.

선조들은 '인간에게 마음과 기운이 몸 안에 있다'는 사실을 강조했다.

마음은 타고난 성품에 뿌리를 두어 착함과 악함을 지니고 있어서, 마음이 착하면 복을 받고 악(惡)하면 화를 받는다. 기운은 타고난 삼신의 영원한 생명에 뿌리를 두지만 맑음과 탁함이 있어서, 기운이 맑으면 장수하고 혼탁하면 일찍 죽는다. 몸은 정기에 뿌리를 두어 후덕함과 천박함이 있느니 자신의 정기를 잘 간직하면 귀티가 나고 정기를 소모 시키면 천박해진다.

나라는 형체와 같고 역사는 혼(魂)과 같으니, 형체가 그 혼을 잃고서 어찌 보존될 수 있겠는가. 또한 정치는 그릇과 같고 사람은 도리(道理)와 같으니, 그릇이 도리를 떠나서 어찌 존재할 수 있겠는가. 도리(道理)와 그릇을 함께 닦는 자도 '나'요, 형체와 혼을 함께 키워나가는 자도 '나'다. 그러므로 무엇보다 먼저 나를 아는 데 있다. 그런즉 나를 알려고 하면 무엇부터 시작해야 하겠는가?

나를 다스려 올바르게 사는 것, 이것이 유일한 방법이라고 알려준 것이다.

참 나를 알아 가는 노래, 아리랑(我理郎)

아리랑(我理朗)은 한민족 전통 민요로 인간완성의 철학이 담긴 노래다

아리랑을 흔히 남자에게 버림받은 여인의 한 맺힌 슬픔을 표현한 노래라고 알고 있다. 하지만 아리랑의 참뜻은 '깨달은 이가 부르던 오도송(悟道頌)'으로, 그것은 본성을 아는 기쁨이며, 깨달음을 위한 노래이며, 성통(性通)의 환희를 표현한 노래다.

아리랑 타령

아리랑 아리랑 아라리요 아리랑고개를 넘어간다.
나를 버리고 가시는 임은 십 리도 못 가서 발병 난다.

얼이랑 얼이랑 얼아리요 얼이랑 고개를 넘어간다.
얼을 버리고 가시는 임은 십 리도 못 가서 발병 난다.

울이랑 울이랑 울아리요 울이랑 고개를 넘어간다.
울을 버리고 가시는 임은 십 리도 못 가서 발병 난다.

아리랑(我理朗)의 유래를 살펴보면, ① '나는 사랑하는 임을 떠난다'라는 뜻이 담겼다는 설, ② 아랑 낭자의 억울한 죽음을 애도한 노래에서 나왔다는 설, ③ 박혁거세의 아내 알영부인을 찬미한 말에서 나왔다는 설 등이 있다. 이 밖에도 여러 발생설이 있으나 모두 확실한 근거는 없다.

아리랑이 담고 있는 의미를 살펴보면, 아(我)는 '참 나'를 의미하며, 리(理)는 '사람이 지켜야 할 길'을 뜻하며, 랑(朗)은 '환하고 맑음'을 의미한다. 얼은 '정신·넋'을 의미하며, 울은 '우리'의 준말이다. 그 뜻을 풀어보면 '참 나를 깨달아 완성의 이치를 따라가는 여정(旅程)'을 표현한 노래라고 할 수 있다.

'아리랑고개를 넘어간다'는 가사는 '내가 깨달음의 경지에 도달한다'라는 뜻이 있다. '나를 버리고 가시는 임'이라는 가사는 '욕망과 집착에 빠진 사람'을 말한다. '십 리도 못 가서 발병이 난다'는 가사는 '조화의 자리에 이루지 못하고 타락하게 된다'라는 뜻이 담겨있다.

아리랑의 아(我)는 본성(本性)과 신성(神性)을 상징하는 음(音)으로, 무한세계와 이어지는 파동이 있다. 몸 안에 있던 파동이 입 밖으로 자연스럽게 나올 때, 이런 의미를 느끼고 부르면 무한한 영적 힘을 얻을 수 있다. 이런 아리랑의 특성을 이용하여 전신의 기운을 순환시켜 줄 수 있다.

아리랑의 랑(朗) 소리에는 마음을 명랑하고 밝게 하는 외향적인 진동음이 발생한다. 내부지향적인 음(音)인 아(我)와 외부지향적인 음(音)인 랑(朗)이 서로 어우러져 기적(氣的) 상태가 정상화되면, 백회혈(百會穴)이 열리고 수승화강(水昇火降)이 이루어져 욕망과 감정을 조절할 수 있도록 하는 힘이 생긴다.

선가(仙家)에서는 배달국 환웅 천황께서 아리랑 노래를 백성들에게 전했다고 한다. 아리랑을 자주 부르면 단전에 힘이 생겨 단전호흡이 저절로 된다. 이때 단전으로 큰 기운이 들어와 슬픈 마음이나 외로운 마음이 없어지고, 머리와 가슴의 열이 단전으로 내려가 편안한 상태가 된다.

그래서 한민족은 기쁘거나 슬플 때 아리랑을 불렀다. 아리랑을 흥겹게 부르면 잔칫날에 불러도 어울리고, 슬프게 부르면 장송곡으로 불러도 어울린다. 아리랑은 근본 자리에서 나온 것이라, 그 속에는 천도(天道)의 이치가 있고, 생사가 있고, 선악이 있고, 기쁨과 슬픔이 함께 자리 잡고 있다.

아리랑 노래에는 우주와 나를 하나로 이어주는 맥(脈)이 있다. '아'는 하늘이고 '리'는 땅이고 '랑'은 사람을 뜻하여 천지인이 합일되어 통한다는 의미를 담고 있다. '얼'은 한민족의 얼을 뜻하며 울은 좁게는 개인의 울타리, 크게는 지구촌 전체, 더 나아가 전 우주를 지칭한다.

한민족은 인간완성의 법맥(法脈)으로 홍익인간·재세이화 정신을 편 것이다.

어떤 삶을 선택해야 할까?

삶의 지혜가 담긴 천부경·삼일신고·참전계경은 한민족의 3대 경서(經書)이다. 천부경에는 인간을 중심으로 설명된 자연의 섭리와 이치가 담겨있고, 삼일신고에는 우아일체(宇我一體)의 깨달음을 얻고 나서, 올바른 마음으로 도와주는 사람이 넘쳐나는 세상을 만드는 원리가 담겨있고, 참전계경은 배달 시대의 오사(五事)와 팔훈(八訓)을 중심으로 제시한, 인간이 지켜야 할 삶의 지혜가 담겨있다.

동양철학에서 말하는 자연을 다스리는 기본원리를 어떻게 설명하고 있을까? 그것은 음·양(陰·陽)의 균형(均衡)과 조화(調和)라고 할 수 있다. 균형은 상대적이고 정적(靜的)이라면 조화는 '동적(動的)'이다.

'정(靜)'에서 '동(動)'으로 움직여야 한다. 하나를 지향해 움직일 때 조화가 생긴다. 조화가 깨지면 균형도 깨지고 균형이 깨지면 조화도 깨지기 때문이다. 이 균형과 조화를 받치는 힘은 '원심력과 구심력'이다.

선조들은 원심력과 구심력의 작용으로 우주가 지탱되고, 그 속에서 세상만사가 이루어진다고 본 것이다. 자연의 섭리와 이치는 보이는 현상만 있는 것이 아니다. 보이지 않는 세계도 함께 포함되어 있다.

천부경은 중앙아시아의 천산(天山)에서 살았던 환국 시대 때부터 입에서 입으로 전해오던 우주의 원리를 표현한 경서이다. 배달국 시대에 신지(神誌) 혁덕(赫德)에게 녹도문(鹿圖文)으로 기록하게 하여 고조선으로 전해졌다. 이후 신라 시대 최치원은 묘향산 석벽에 갑골문 천부경을 새겨 세상에 전해지게 했다.

원형적인 경서 천부경을 연구할 때는 보이는 세계[有, 현상계]는 도구와 이성을 통하여 합리적으로 추구하고, 보이지 않는 세계[無, 본체계]는 명상과 이성을 통하여 예리하게 꿰뚫어 보아야 한다. 고사성어에 하나를 보면 열을 안다는 말은 개체를 알면 전체를 알 수 있다는 뜻도 되며 나를 앎으로 우주를 아는 것이다.

천부경은 일시무시일(一始無始一)로 시작하여 … 일종무종일(一終無終一)로 마친다. 태어나고 죽음도 그 본체는 '하나'일 뿐이다. 있음과 없음을 포용하는 근원적 본체가 '한[하나의 뜻으로 쓰이는 말]'인 것이다. 여기에서 '나'라고 하는 존재적 자아(自我)는 '한'에서 왔으므로 '우주와 나'라는 관계를 설명할 수 있다.

하나는 없음에서 시작하였다가, 없음으로 가지만, 다시 새로운 하나로 시작되니, 없음은 시작과 끝이 마주치는 하나의 끝과 끝, 양쪽이 된다. 모든 있음은 없음에서 비롯되나 그 본원은 뿌리가 하나이다. 있음도 아니며 없음도 아닌 것에, '한'의 자리가 있다. 다시 말하면 있음과 없음을 포함하는 근원적 본체가 '한'인 것이다.

선도(仙道)에서는 천지인이 발현된 자리를 '한'이라고 표현한다. '한'은 시작도 없고 끝도 없으며, 모든 생명이 창조되는 곳이며, 모든 생명이 되돌아 들어가는 곳이라며, '한'에 대한 의미를 자각할 때 인간의 영혼은 그 속에서 정화될 수 있다. 그러나 인간의 타락·외로움·괴로움은 '한'을 상실함으로 비롯된다고 밝히고 있다.

우리 스스로 한민족 역사에 관심을 가지고 배우고자 하는 마음을 지녀야 한다. 역사는 과거의 이야기가 아니라 현재와 미래를 가늠하게 하는 뿌리다. 뿌리에서 현재라는 줄기와 가지와 잎이 무성하게 자라고, 미래라는 열매를 맺게 된다. 자신의 뿌리인 역사를 배우는 민족은 흥하고, 역사에 눈감는 민족은 쇠할 수밖에 없다.

그래서 사람들이 삶의 목적과 가치를 인간완성에 두어야 하는데, 삶을 사는 과정에는 수많은 분쟁과 갈등이 생기게 된다. 이것은 우리가 살아가는 하나의 유형이며, 삶이란 그렇게 이루어진다. 이런 분열적 삶 속에서 나를 고차원적으로 완성하고, 세상을 구원할 수 있도록 노력해야 한다.

그러나 사람들은 삶의 의미를 의식하지 않고 살기 때문에, 기쁨과 쾌락만을 추구하며 산다. 자신의 삶 속에서 일어나는 모든 일은 유한(有限)한 데, 삶에만 집착하면서 삶의 목적을 잃어버릴 때 타락하게 된다. 따라서 인간의 삶은 목적이 아니라, 인간완성을 위한 수단이어야 한다.

그래서 선조들은 중도일심(中道一心)을 강조한 것이다.

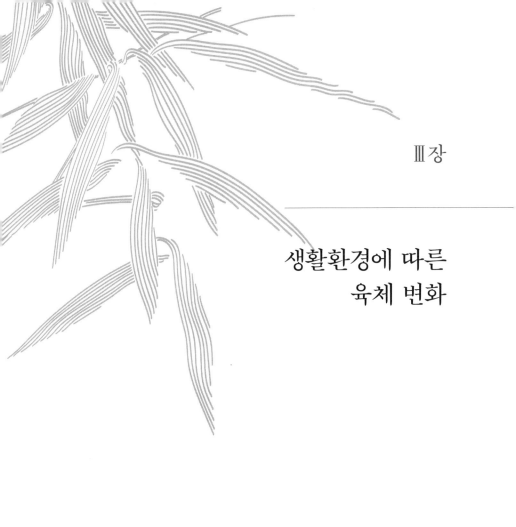

Ⅲ장

생활환경에 따른
육체 변화

코는 어떤 역할을 할까?

　얼굴 한가운데 오뚝 솟은 코는 냄새를 맡는 후각기관이자, 몸에서 공기가 드나들 수 있는 입구이다. 크게 바깥 코와 안쪽 코로 구분되며, 안쪽 코 좌우 공간으로 나누어져 있으면서, 콧구멍 안쪽을 덮고 있는 점막에서 점액을 분비하기 때문에, 점막의 표면은 항상 끈끈하고 미끄러운 상태를 유지하고 있다.

　코와 관련한 속담이 '입 아래 코·내 코가 석 자·손 안 대고 코 풀기·곁방살이 코 곤다·넘어지면 코 닿을 데·다 된 죽에 코 빠졌다·코에서 단내가 난다·얼굴보다 코가 더 크다·눈을 떠도 코 베어 간다·코딱지 두면 살이 되랴' 등등 이렇게 많다는 것은, 코의 중요성을 알려주는 거라고 본다.

　코의 역할은 공기가 드나드는 과정에서 공기를 통해 들어오는 냄새를 맡거나, 코안의 털로 병원체 등 이물질을 잡아내는 방어기능을 보조하거나, 목소리 울림통 역할을 한다. 이보다 더 중요한 역할은 공기를 통해 들어오는 백금 성분을 받아들여 사리가 될 수 있도록 한다는 것이다.

　동양철학의 진리를 바탕으로 수련한 결과.

　선조들은 태양에서 상상할 수 없는 거대한 양기(陽氣) 덩어리가 내려오고, 지구 핵 깊은 곳에 있는 음기(陰氣)가 밖으로 뿜어져 나와, 이 음양(陰陽)의 기운이 교반 반응을 일으켜 지구의 생명체들이 생명 활동을 한다는 사실과 태양의 양기(陽氣)가 인체의 백회혈(白會穴)로 들어와 정기(精氣)가 형성된다는 것을 알게 된다.

선조들은 바위에는 금속 등을 많이 함유하고 있어 우주의 기운을 쉽게 끌어들인다는 사실을 알고, 깊은 산속에 있는 단단한 바위 주변으로 찾아가 수련하게 된다. 이런 좋은 환경이 있음에도 수련자 스스로 노력하지 않으면 우주의 기운을 체득하기가 어렵다는 사실을 알고 수련 장소를 찾아다녔다.

수련자들이 우아일체(宇我一體)의 경지에 들게 되면, '우주 만물은 기(氣)의 흐름이 만들어내는 한시적인 현상'이라는 것을, 스스로 알게 되기 때문에 학술적으로 검증할 필요성을 느끼지 못하였다.

과학자들은 그들의 분야에서 우주 에너지와 관련된 연구 결과를 꾸준히 밝혀내고 있다. 특히 목관호 박사는 1995년 인하대 연구소와 함께 세계 최초로 사리 1과(顆)의 성분을 분석한 결과, 지름 0.5cm 정도의 팥알 크기 사리에서 방사성 원소인 프로트악티늄(Pa)·리튬(Li)·폴리늄(Po) 등 12종이 검출되었음을 확인했다.

위에서 밝혔듯이 과학자들이 대기권에서 지구로 무수한 에너지 덩어리가 떨어지고 있다는 사실을 확인해 주었다. 그런데 프로트악티늄(Pa) 성분은 '의식하지 않는 인간과 동물(動物)과 생물(生物)'에게서는 발견되지 않았다. 그러면 어떤 인간에게만 사리가 만들어지는 것일까? 하는 문제는 과학적으로 검증되지 않았지만, 이 프로트악티뉴(Pa) 성분은 두 가지 작용을 한다고 추정(推定)하고 있다.

첫 번째, 선도 수련자들이 깊은 명상에 들면 몸에 있던 기운(氣運)이 전기적 주파수를 발생하여 프로트악티뉴(Pa) 주파수와 접촉하면서 공진현상을 일으키며 수련자의 몸에 들어와 뭉치면서 사리의 주요성분이 된다고 본 것이다.

두 번째, 인간도 동물과 식물처럼 아무런 의식 없이 이 에너지 덩어리를 받아들인다. 이때 당사자가 의식하지 않고 있었기 때문에 코로 흡입된 '프로트악티뉴(Pa)'은 영양물질 역할만 한다고 보고 있다.

호흡 활동은 '폐와 심장'에 아주 큰 영향을 미친다. 우리가 들숨과 날숨을 할 때마다 감사하다는 마음을 담아 호흡을 하게 되면, 어떤 결과가 나올까?

'혀'를 보면 심장(心腸) 병증(病症)을 알 수 있다

의식 상태를 주관하는 심장 기능이 비정상적이면, 혀가 굳어지거나 꼬부라져서 말이 어눌해지거나 실어(失語) 증상이 나타나게 된다

동양에서는 사람을 육체적 존재[身]와 정신적 작용[心]으로 구분한다. 좀 더 세분하면 심(心)은 인체의 '심장'을 뜻하며 인체의 생명 활동을 주관하는 오장육부(五臟六腑) 중에서 심장이 가장 중요한 역할을 한다.

심장(心臟)은 소장(小腸)과 함께 오행(五行) 상으로는 화(火) 기운에 속하며, 경락(經絡) 상으로는 수소음심경(手少陰心經)과 수태양소장경(手太陽小腸經)을 통해 서로 긴밀히 연결되어 영향을 미친다.

소장은 위장으로부터 내려오는 음식물을 받아 인체의 생명 유지에 필요한 영양물질을 흡수한다. 이때 심장의 양기(陽氣)가 소장을 따뜻하게 해주어야 소장이 영양물질을 잘 흡수하면서 '지라'와 '폐'의 도움으로 피를 만들어 심장으로 보낸다.

인체의 오관(五官) '눈·혀·입·코·귀'를 오행으로 분류해 보면 '눈은 목(木), 혀는 화(火), 입은 토(土), 코는 금(金), 귀는 수(水)'가 된다. 따라서 '화(火)' 기운인 심장과 소장은 '화(火)' 기운인 '혀'와 직결되어 있다. 따라서 혀의 민첩한 운동과 음성 언어 조절은 심장의 정신 정서 주관 기능과 관계가 있다.

심장의 기(氣)는 수소음심경(手少陰心經)을 통해 혀와 연결되어 정상적 색깔과 형태, 미각(味覺)과 발음 등의 생리 기능을 유지한다. 그러나 심장 기능에 이상이 생기면 병리 변화가 혀로 나타난다.

온몸의 기혈(氣血)은 모두 얼굴로 올라가므로 얼굴의 색깔은 자연히 심장 기능의 성쇠와 심혈(心血)의 다소를 반영하게 된다. 즉 심장 기능이 정상이고 혈액의 양(量)이 충분하여 혈액순환이 원활하면 얼굴 색깔이 마치 '닭 볏'처럼 붉고 윤기와 광택이 나며 정기가 어려 있게 된다.

이와 반대로 심장 기능이 비정상이고 심혈이 부족하면 얼굴 색깔이 희고 윤기가 없게 된다. 산성 노폐물 처리가 미흡하거나 다른 원인으로 혈액의 오염이 심해져 혈액순환이 원활하지 못하면 얼굴 빛은 검붉거나 자색을 띠게 된다.

또 다른 보이지 않는 기능 하나는 기(氣)다. '기'는 고정된 통로가 있는 것이 아니다. '기'의 밀도가 높은 곳에서 낮은 곳으로 흐르는 이것을 경락이라고 한다. 경락에는 에너지뿐만 아니라 기분이나 느낌 같은 정서적 정보도 같이 흐른다.

이 경락 외에도 위기를 보완해 주는 기경팔맥(奇經八脈)이 있다. 예를 들어 기존 하천으로 하수가 유통되지만, 폭우 시 하수가 제방을 무너뜨릴 위기에 있을 때, 별도의 하천이 있다면 제방이 무너지지 않을 것이다. 경락의 작용으로 대처할 수 없는 위험에 처해 있을 때, '기경팔맥'을 활용하면 위기를 모면할 수 있다고 한다.

우(禹)나라가 정한 '정치 도덕의 아홉 가지 원칙[홍범구주]' 중

하나가 '오복(五福)과 육극(六極)'이다. '오복과 육극'은 수천 년이 지난 오늘날까지도 그 핵심 요지는 변함이 없다는 사실이다.

오복(五福)	① 장수(長壽)	육극(六極)	① 요절[凶短折]
	② 부귀(富貴)		② 질병(疾病)
	③ 건강과 안락		③ 근심[憂愁]
	④ 덕스러움		④ 빈천(貧賤)
	⑤ 천수(天壽)		⑤ 재앙(禍患)
			⑥ 쇠약(衰弱)

이런 정신적인 가치를 지키지 못하고 끌려다니게 되면 몸 어느한 곳에 기운이 뭉치게 된다. 이것을 적체(積滯)라고 한다. 그중 심장에 생기는 적체를 복량(伏梁)이라고 한다. 냇물 바닥에 박혀있는 둥근 돌 같다고 하여 붙여진 이름이다.

심장 질환에 좋은 약재(藥材)로 '옻나무'를 꼽는다. 옻나무에는 피를 맑게 하는 성분이 들어있어 제반 심장 질환을 다스리는 데 효과가 있다. 그리고 식품으로는 껍질째 구운 밭마늘과 죽염(竹鹽)을 꼽는다.

혈관(血管)을 어떻게 관리해야 할까?

혈관질환은 심장·뇌 등 신체 여러 부위에서 혈관이 막히거나 터져서 기능 장애가 생기는 질병이다. 심혈관 이상으로 생기는 병은 고혈압·협심증·심근경색 등이 이에 해당하고, 뇌혈관 이상으로 생기는 병은 뇌출혈·뇌중풍·뇌경색 등이 이에 해당한다. 이 질병으로 인해 팔과 다리에도 영향을 준다.

이 질병은 동맥경화(動脈硬化)와 정맥경화(靜脈硬化)로 구분된다. 동맥(動脈)은 허파를 거쳐 산소가 풍부해진 혈액을 왼심실로부터 온몸의 조직에 분포하는 모세혈관까지 전달하는 역할을 한다. 정맥(靜脈)은 정맥혈을 심장으로 보내는 순환계통의 하나로 피의 역류를 막아 주는 역할을 한다.

동맥경화는 동맥의 벽이 두꺼워지고 굳어져서 탄력을 잃은 질환이다. 노화현상의 하나로 고혈압·비만·당뇨병 따위가 원인이며, 정맥 경화는 정맥 일부가 굳어지는 병으로 하지 정맥·문정맥(門靜脈)·허파정맥으로 나타나는 경우가 많다. 문정맥은 복부 소화기와 비장(脾臟)에서 나오는 혈을 모아 간으로 보낸다.

선조들은 인체에서 보이지 않는 경락(經絡)을 다스렸다.

인체의 혈액순환계가 동맥과 정맥을 통해 흐르듯이, 우리 몸 안에 기(氣)가 흐르는 통로를 경락(經絡)이라고 한다. 이 경락은 인체의 장기(臟器)와 장부(臟腑)를 조절하는 에너지 순환계이다. 경락을 통해 생명 활동에 필요한 기(氣)·혈(血)·진액(津液)이 온몸으로 전달된다고 본 것이다.

경락은 신경이나 혈관과는 달리 고정된 통로가 없다. 경락 중심에는 에너지의 밀도가 높고 주위로 갈수록 에너지의 밀도가 약해진다. 이 경락은 경맥(經脈)과 낙맥(絡脈)으로 나누어지는데, 인체의 경맥이 상하로 통하는 큰 강과 같다면 낙맥은 그것을 좌우로 연결하는 샛강이라 할 수 있다.

인체에는 12개의 경락 외에 이를 보완해 주는 8개의 경맥이 따로 있다. 이를 기경팔맥(奇經八脈)이라고도 한다. 혈관 안에 피가 흐르듯이, 경락을 통해 흐르는 것은 에너지뿐 아니라, 기분이나 느낌 같은 정서적 정보도 같이 흐른다. 경락은 살아 있는 생명체에서만 발견되며, 해부를 통하여 찾아볼 수 없다.

심혈관 질환 하면 사람들은 심장 문제만을 생각하기 쉽지만, 이는 뇌혈관·주변 혈관·심지어 다리와 팔의 혈관에까지 영향을 미치기 때문에, 건강한 식습관·꾸준한 운동·스트레스 관리 등 다양한 노력이 필요하다. 특히 이러한 예방 조치는 심혈관 질환의 발병률을 크게 줄일 수 있다고 한다.

우리 몸의 각종 장기(臟器)는 심리변화에 따라 영향을 받는다. 웃음이 지나치면 간장(肝臟)에 이상이 생기고, 근심 걱정이 지나치면 폐장(肺臟)에 이상이 생기고, 생각이 지나치면 비장(脾臟)에 이상이 생기고, 두려움이 지나치면 신장(腎臟)에 이상이 생기며, 놀라움이 지나치면 담(膽)에 이상이 생긴다.

육체를 유지하기 위해 매일 밥을 먹듯이, 의식성장을 위해 꾸준히 노력해야…

마음이 바뀌면 생각이 변하고, 생각이 바뀌면 행동이 달라지고, 행동이 변하면 운명이 바뀐다. 이처럼 어떤 마음을 먹고 실천하느냐에 따라 사람의 운명과 삶의 방향은 달라질 수 있다.

마음의 본질은 파동이며, 이 파동을 움직이는 주인은 마음이다. 또한 마음은 하나의 환경이다. 주위의 시공간적 환경도 마음을 형성시키는 요인이 된다. 마음을 이루는 요인 중 어느 하나가 변화되어도 전체에 변화를 주어 마음을 변화시킨다.

선조들은 마음[心]과 기(氣)와 몸[身]으로 나누어 보았다. 여기에서 기(氣)는 몸과 마음을 하나로 연결하여 조화를 이루게 하는 역할을 한다. 사람의 노력으로 정신이 통일되면 인체는 조화가 이루어지면서 마음이 밝아진다고 밝혔다.

마음이 밝으면 밝은 기운이 들어온다. 이 기운에 의해 혈이 모이게 된다. 기운이 맑아지면 피도 맑아진다. 지극히 밝고 맑은 마음을 쓰면 천지 기운과 내 기운이 하나로 조화를 이루면서 자연치유력이 극대화된다. 그런데 어떠한 기쁨도 어떠한 밝음도 상대적인 것과 부딪치면서 그 한계를 벗어나지 못하게 되는 것이 현실이다.

간(肝)은 정서(情緒)를 조절해주는 기능도 있다

우리가 흔히 하는 농담 중에 부인이 보고 있는 TV 채널을 사전 양해 없이 바꾸는 남편을 '간 큰 남자'라고 놀린다

선조들은 잎사귀가 싹트고 꽃망울이 터지는 것을 보고, 자연의 섭리(攝理)와 이치(理致)를 알게 되었다. 그래서 '겨울의 수기(水氣)로부터 생겨난 목기(木氣)에 의해, 봄바람이 불면 초목에는 물이 오르고 짐승들은 기지개를 켠다'라고 한 것이다.

최근 과학자들이 만물을 구성하는 원소가 대략 100여 가지에 이르는데, 이중 자연적으로 존재하는 것은 90여 종으로 파악하고 있다. 이처럼 만물을 구성하는 근원적인 물질에 관한 견해는 다양하지만, 가장 오랜 세월이 흐르면서 많은 사람에게 공감을 얻고 있는 물질 이론은 음양오행설(陰陽五行說)이다.

태극(太極)으로부터 음양(陰陽)으로 분화되고 이 음양이 다시 음양으로 분화된 것이 사상(四象)이다. 하늘의 변화가 봄·여름·가을·겨울로 변화되며 순환한다. 여름과 가을 사이에 성장을 멈추고 열매가 맺는 기간을 한 계절[토(土)]로 보았다. 이 오행으로 사물이 완성된다고 본 것이다.

봄[갑을(甲乙)]기운은 '매서운 추위가 수그러들면 딱딱한 껍질의 씨앗이 터지며 뿌리를 내려[갑(甲)] 싹이 움터 땅 위로 솟아오른다

[을(乙)]'라고 설명한 것이다. 이런 원리에 따라 봄기운은 간담(肝膽)과 연결되어있다.

간(肝)은 뱃속의 오른쪽 위 횡격막(橫膈膜) 아래에 자리 잡고 있는데, 뒤로 신장(腎臟: 콩팥) 옆 밑으로 위(胃)와 십이지장이 있으며 무게가 약 1.5kg으로 보통 자기 체중의 50분의 1 정도가 된다. 간(肝)이 하는 일 중 가장 중요한 것으로는 물질대사와 쓸개즙 분비 등을 꼽을 수 있다. '위'나 '소장'에서 가수분해(加水分解)된 포도당·아미노산·지방산·수용성 비타민·무기염류 등은 여과 장치가 되어있는 간(肝) 문맥을 지나가게 된다.

동양의학에서는 간(肝)은 정서를 순조롭게 조절하고 소화 흡수를 촉진하며, 피의 순행을 도와주고 피를 저장하며 피의 양을 조절 등의 다양한 기능을 한다고 파악해 왔다. 이 가운데 피를 저장하고 피의 양을 조절하는 기능 때문에, 선인들은 '간(肝)을 피의 바다'라고 했다.

계절이 순환되는 것처럼 인체도 건강 하려고 하면 신진대사가 잘되어야 한다. 현대의학에서는 인체의 세포가 생존하는 기간을 대략 4주 정도로 보고 있다. 할 일을 마친 세포가 소멸하면 새로운 세포가 생성되는 과정을 신진대사라고 했다.

그런데 옛날부터 전해져 오는 농가월령가(農家月令歌) 1월령에 "보름날 먹는 약밥 신라에서 온 것이다. 묵은 산나물 삶아 내니 고기 맛에 바꿀까, 귀 밝히는 약술이며, 부스럼 삭히는 생밤이라…"하는 구절이 있다.

선조들은 자연 속에서 살면서 어떤 작물을 언제 심어야 하는지, 어떤 음식을 먹어야 하는지, 어떤 마음으로 지내야 하는지, 이 모든 것을 월령가에 담아 우아일체(宇我一體)를 이루며 살도록 알려준 것이다.

그러면 간(肝) 질환을 좋아지게 하려면 어떻게 해야만 할까?

먼저, 음식으로 미나리 반찬을 추천한다. 미나리는 알칼리성 식품으로 철분, 인, 칼슘, 식이섬유 등과 비타민 A, B1, B2, C가 함유되어 있어 꾸준히 섭취하면 해독과 혈액정화에 효과가 있다.

특히 돌미나리에는 숙취를 빨리 풀어 주고 두통을 줄여 음주가 잦은 직장인은 무침으로 먹으면 좋다. 또 칼륨이 많이 들어있어 몸속에서 수분과 노폐물을 배출하는 것을 도와 부종도 예방할 수 있다.

그러나 미나리가 좋다고 해서 '농축액이나 즙'으로 복용하는 것은 오히려 간(肝)에 부담만 준다. 간 기능이 약한 사람은 절대 삼가야 한다. 미나리를 이용한 다양한 요리 방법들이 있다. 음식으로 꾸준히 복용하는 것이 좋다.

비장(脾臟) 기능이 약해지면 쉽게 피로를 느낀다

몸속에서 큰일을 하면서도 한 번도 밖으로 내색하지 않고, 서로를 위해 묵묵히 자기 일을 하는 '밥통' 같은 사람. 그들이 혹여 '홍익인간상'은 아닐까

비장((脾臟)과 위장(胃臟)은 오행 상으로 토(土)에 속하고, 심장과 배꼽 사이에 자리 잡고 있으면서, 음식물을 받아들여 소화시키고 운반하는 생리 기능을 담당한다. 비장과 위장은 인체에 필요한 영양분을 생산하고 공급하는 일을 한다.

'비장'을 '지라'라고도 한다. 비장은 "섭취한 음식물을 분해한 후 영양분을 흡수하기 쉽게 변화시키는 일"과 함께 "혈액을 저장하는 일"을 담당한다. 그리고 혈액을 생산하는 기능도 갖고 있다.

비장은 인체의 가장 큰 림프 기관이다. 왼쪽 신장의 위, 횡격막의 아래, 위의 왼쪽에 있다. 혈관이 많이 분포해 있어서 붉은색을 띤다. 면역세포의 기능을 돕는 역할을 하기에 비장을 절제하면 평생 면역력이 떨어지게 된다.

비장의 기운이 양호하면 음식물의 소화 흡수 기능이 원활하여 기(氣)·혈(血)·진(津)·액(液)의 생성에 필요한 양분을 충분히 공급해 줄 수 있게 된다. 그러나 비장의 기운이 약해지면 인체의 소화 흡수 기능이 약하게 되어 쉽게 피로하며 수척해진다.

비장을 좋아지게 하는 방법을 알아보기로 한다.

- 연근이다. 연근은 비타민C가 다량 함유되어 있어 비장의 기능을 향상시켜준다.
- 단호박이다. 비장 기능을 향상시키는 카로틴(Carotene)이 많이 함유되어 있다.
- 감초이다. 몸을 따뜻하게 하고, 비장 기능을 증강시키는 효능이 있다. 단 다량 섭취 시 부작용을 유발할 수 있으니, 감초를 다려 하루에 한 잔 정도 마신다.
- 대추이다. 활성화산소를 제거하여 노화 및 각종 성인병을 예방할 수 있고, '베툴린산(Betulinic Acid)'이라는 성분을 함유하여 소염효과를 가지고 있다.
- 곡류이다. 깨·콩·녹두·검은 콩·땅콩 등은 식이섬유와 미네랄이 풍부하여 비장의 재생에 도움이 되고 기능 강화에 좋다.
- 밤이다. 비타민C, 비타민A, 비타민B는 피로가 회복되고, 동시에 비장의 회복을 돕는다.
- 청국장이다. 비장에 좋은 청국장은 면역력을 증강시키는 대표적인 음식이다.

위장(胃臟)은 명치뼈 아래쪽에 있다. 위장으로 음식물이 들어오면 들어오는 순서대로 차곡차곡 쌓인다. 위장에서 3~4시간 머무는 동안 15~20초 간격으로 일어나는 연동운동으로 분비되는 위액과 섞여 작은 입자가 된다.

이런 과정에서 위장이 '저 배불러요'라고 느끼는 시간은 15분 정도 지나야 알 수 있다. 그런데 밥을 빨리 먹으면 신호가 오기 전에 이미 밥이 위 속에 계속 쌓이게 된다. 그것도 모르고 밥을 계속 먹는 사람처럼, 세상은 변했는데 옛날 일을 그대로 하려고만 하는 사람을 보고 "밥통 같은 놈"이라고 했다.

대부분 위장병은 신경성이라고 한다. '뇌신경에서 나온 부교감신경'과 '척수에서 나온 교감신경'을 말한다. 상쾌하게 마음이 안정된 상태는 부교감신경이 자극받았을 때로 식욕도 나고 소화도 잘되나, 교감신경이 자극받으면 우울증, 분노, 질투심을 유발한다.

위장을 좋아지게 하는 방법을 알아보기로 한다.

- 생강이다. 생강의 매운맛 성분에는 '진저롤(Gingerol)'이 있어 항염증 기능이 있다. 위장에 가스를 배출시키고 미생물과 세균을 제거해 준다.
- 키위다. 키위에는 액티니딘(Actinidain)이 함유되어 있어 단백질을 분해하는 효소로 소화 촉진에 효과가 있다.
- 양배추다. 양배추에 많이 든 비타민U는 위 점막을 보호해 주는 효과가 있다.
- 옥수수다. '비타민 B1, B2, E'와 칼륨, 철분 등의 무기질이 풍부하여 소화액의 분비를 높여 소화를 촉진하는 효과가 있다.

신장(腎臟)이 활성화되면 노화 현상을 늦추어 준다

한의학 최초로 맥학(脈學)을 체계화시킨 왕숙화(王叔和)는 "날뛰는 돼지가 배꼽 밑에 자리 잡으니 마침내 뼈까지 위축(萎縮)된다"라고 읊으며 신적(腎積)을 경계했다

우리는 한 해를 사계절로 나눈다. 그러나 동양철학에서는 한 해를 봄·여름·장하(長夏)·가을·겨울로 나눈다. 봄에는 식물의 씨앗에서 싹트고 뿌리를 내리며, 여름에는 식물이 성장한다. 가을에는 열매를 추수하게 된다. 겨울은 모든 활동을 멈추고 쉰다. 그런데 식물이 계속 성장만 한다면 문제가 생긴다. 자연은 여름과 가을 사이에 식물들이 성장을 멈추고 열매를 맺게 한다. 이 시기를 한 계절로 보았다.

이런 것처럼 인체의 콩팥과 오줌통[膀胱]을 오행 상 수(水) 기운의 작용으로 보았다. 콩팥의 경락은 족소음신경(足少陰腎經)으로, 오줌통을 관장하는 족태양방광경(足太陽膀胱經)과 서로 긴밀하게 연결되어있어 '속과 겉' 관계로 보았다.

콩팥[腎]은 정기(精氣)를 저장하는데, '정기'에는 '선천(先天)의 정'과 '후천(後天)의 정'이 있다. '선천의 정'은 부모의 정기가 서로 합하여 배아 조직을 구성하고 발육을 형성하는 기본물질이며, 후손을 번식시키는 기능을 갖추고 있다. '후천의 정'은 인체의 생명 활동을

유지하는 영양물질이다.

　콩팥의 정기는 피를 생성하므로, 정혈이 왕성할 때는 머리카락이 까마귀 깃털처럼 검고 윤기가 나지만, 콩팥 기운이 부족할 때는 머리카락의 광택이 사라지며 머리카락 색상이 희고, 계속 빠져 대머리가 될 가능성이 커진다.

　콩팥 기능 저하가 지속되면 아랫배에 신적(腎積)이 발원(發源)하여 사방으로 돌아다닌다. 신적 움직임이 "산돼지처럼 종잡을 수 없게 날뛰는 것과 같다"라고 하여 왕숙화(王叔和)는 이런 현상을 보고 분돈(奔豚), 즉 '날뛰는 돼지'라고 명명했다.

　음식물이 '위'에서 소장으로 보내지면 소장의 소화 흡수 작용으로 찌꺼기로 구분되는데, 찌꺼기 중에서 수분은 콩팥과 오줌통에 의해 소변으로 배설하고, 나머지는 대장과 항문에 의해 대변으로 배설된다.

　오줌통은 오줌을 저장 배설하는데, 오줌통의 배설 기능은 콩팥 기운의 도움으로 작용한다. 콩팥 기운이 정상일 때는 소변이 원활하게 배설된다. 그렇지 못할 때는 소변을 참지 못하거나 지리게 되고, 장액(腸液)이 말라 변비가 생기며 혹은 대장의 냉기로 인해 새벽에 설사하게 된다.

　명의(名醫) 왕숙화(王叔和)가 지은 맥결(脈訣)에서 콩팥과 머리카락의 상호 관련성을 이렇게 설명한 바 있다. "머리카락 색이 까마귀 날개 같으면 길하거니[色同鳥羽吉]와 형체가 숯검정 그을음 같다면 위태롭다[형사탄매위(形似炭煤危)]"라고 밝힌 바 있다. 이 밖에도 콩팥은 뼈와 골수, 치아 건강에도 직·간접으로 간여하므로 사람의 생장과 발육, 노화에 적지 않은 영향을 미치게 한다.

신장(腎臟)과 방광(膀胱)을 좋아지게 하는 식품이 있는지를 살펴보고자 한다.

- '블루베리'다. 블루베리에는 안토시아닌 성분과 항산화 물질을 많이 함유되어 있어 신장을 해독해 주고 방광을 정화(淨化)시켜 준다.
- '농어'이다. 농어에는 지방은 적고 단백질이 풍부하고, 엽산 나이아신 등이 많이 함유되어 있어 비장, 신장 등을 좋아지게 하고 면역력을 키워준다.
- '포도'이다. 포도와 함께 베리(Berry)과에는 안토시아닌 성분과 항산화 물질이 들어 있어 신장을 보호하고 신장 기능을 증진시켜 주는 역할을 한다.
- '달걀흰자'이다. 달걀흰자에는 신장에 가장 적합한 질 좋은 고단백질이 함유되어 있어 섭취 시 신장 개선에 도움을 준다.
- '올리브오일'이다. 이것에는 비타민E와 엽록소 및 페놀 같은 항산화 성분이 많이 함유되어 있어 레몬과 함께 섭취하면 신장결석 예방에 좋다.
- '양배추'이다. 십자화과 채소인 양배추, 유체 등에는 섬유소, 비타민C, 비타민K 함량이 많아 신장을 보호해 준다. 칼륨 함량이 적어 부담을 덜어준다.

대장(大腸) 질환은 삶의 질을 떨어뜨린다

대장(大腸)은 마음과 직결되어 있어서, 대장 질환은 삶의 질을 심각하게 떨어뜨린다. 그리고 평생 한 번쯤은 대장(大腸) 질병으로 고생을 한다

대장(大腸)은 오행(五行) 상으로 봤을 때 금(金)에 해당하며, 전송(傳送) 기능과 함께 몸에서 생겨나는 액체·수액·체액 따위를 주관한다. 대장(大腸)은 폐의 기운이 하강하면서 전도(傳導) 기능을 발휘할 수 있게 해준다.

이렇게 대장과 폐의 기운(氣運)은 서로 연결되어 있으므로, 대장의 기운이 순조롭게 소통되면 호흡이 고르게 되나, 대장에서 열이 발생하면 폐의 기운이 잘 내려가지 못해 가슴이 답답하고 숨찬 증상이 나타나게 된다.

속이 부글부글 끓거나 배가 팽팽해지기도 한다. 때로는 갑자기 대변이 마려워 발을 동동 구르기도 한다. 이 원인을 장 근육이 지나치게 수축하거나, 아니면 너무 약해서 이런 증상이 나타난다고 추정할 뿐이다. 이처럼 과민성 장 증후군의 발병 원인은 아직 밝혀지지 않고 있다.

과민성 장 증후군은 '궤양성대장염'이나 '대장암'처럼 심각한 병으로 커지지는 않는다. 대표적인 증상은 복통·변비·설사이다. 이 가운데 한 가지만 나타날 수도 있고 번갈아서 나타날 수도 있다.

통계에 의하면 남성보다 여성이 3배 정도 많고, 보통 35세 이전에 많이 발생하며 나이가 들수록 줄어드는 경향을 보인다고 한다.

불안증세와 우울증세를 보이는 과민성 장 증후군 환자들 대부분은 지방이 많은 음식을 먹은 직후 복통이나 설사를 경험한다고 한다. 소화 과정에서 가스가 과도하게 발생하는 반면 흡수는 빨리 안 되기 때문이다.

과민성 장 증후군 증세를 예방하기 위해 어떻게 하는 방법이 좋을까?

- 과민성 장 증후군을 악화시키는 주범인 스트레스를 해소해야 한다.
- 거부 반응을 보이는 음식은 조금씩 여러 번 나눠 먹는 것이 좋다.
- 변비가 주된 증상이라면 평소 물과 식이섬유를 많이 먹어야 한다. 최근 콩에 들어있는 올리고당 성분이 변비에 좋다는 연구가 여러 차례 나왔다.

흥분하거나 놀라면 호흡이 가빠지고, 호흡이 고르면 마음이 안정되는 것을 알 수 있다. 안정이 안 될 때 단전에 의식을 집중하면서 '들숨과 날숨'을 고르게 쉴 수 있도록 노력하자. 호흡을 억지로 참거나 길게 하려고 해서는 안 된다.

실제로 숨은 코로 쉬지만, 들숨에는 아랫배를 내밀고 날숨에는 배를 당기는 것을 반복한다. 의식을 모아서 호흡을 자연스럽게 반복하다 보면 단전(丹田)과 명문(命門)이 하나가 된 느낌이 들면서, 아랫배가 꽉 차오르는 느낌이 든다.

호흡에 집중하다 보면 의식이 호흡 속에 무르녹아 자신이 호흡 자체가 된 느낌을 받는다. 머리가 아랫배에 푹 잠긴 느낌을 느낀다. 호흡이 더욱 깊어지면 자기 자신을 잊게 되고, 나중에는 호흡하는 것 자체도 의식하지 않는 상태가 된다.

우리 체내 혈액 1/3이 아랫배에 모여 있어서, 의식을 모아 호흡을 하게 되면, 순환계통의 혈액순환이 원활해지고, 심폐기능이 활성화되며, 수승화강(水丞火降)이 저절로 된다. 이런 수련법을 '단전호흡(丹田呼吸)'이라고 한다.

단전호흡은 단전에 마음으로 모으고 호흡하여 인체의 근원적인 에너지인 기(氣)를 느끼고, 그것을 몸에 축적하는 운동이다. 이를 통해 육체적인 건강은 물론 마음의 평화를 이루어 자신의 근본을 깨닫게 되는 심신(心身) 수련이다. 단전 호흡은 기운 감각이 없이 유지하면 스트레스는 저절로 사라진다.

'단전'은 우리 몸에 진기(眞氣)를 발생시키는 생명의 근원이다.

단전이 차갑다고 느껴질 때는 소화가 안 되거나 가슴이 답답하고 정서적으로 불안해지는 증세가 나타난다. 그러나 호흡 수련을 하면 단전에 기(氣)가 모이고 복부에 기(氣)가 쌓여 장(腸)을 스스로 움직일 수 있게 된다. 그리고 눈을 감고 명상 뇌파를 유지하면 스트레스는 저절로 사라진다.

건강 상식에 대한 올바른 이해

아침에 냉수 한 컵은 최고의 명약이다. 운동을 많이 하면 빨리 늙는다. 저혈압도 고혈압만큼 위험하다는 등 이런저런 건강 비법이 전해져 오지만 이 속설에는 허점도 있다. 이런 건강 상식에 의존하기보다는 먼저 자신의 체질을 알아야 한다. 체질에 따라, 같은 음식을 먹어도 어떤 사람에게는 중독이 되기도 하고 어떤 사람에게는 건강에 큰 도움이 된다는 것이다.

인체의 체질을 조선 시대 말 의학자 이제마(李濟馬)는 사상체질(四象體質: 태양인·태음인·소양인·소음인)로 구분하였으나, 한의사 권도원 박사는 1965년 동경 세계 침술 학술대회에서 팔체질의학(八體質醫學) 원리를 공개했다. 맥박으로 체질을 구분하면서 이 맥박을 음·양 목(陰·陽 木), 음·양 토(陰·陽 土), 음·양 수(陰·陽 水), 음·양 금(陰·陽 金)으로 8가지로 구분한 것이다.

우리나라 국민 절반이 목(木) 체질이다. 이 체질은 간(肝)이 실(實)하고 폐(肺)가 허(虛)한 것이 특징이다. 따라서 간의 열을 식혀주고, 폐의 열을 높여줄 수 있는 쇠고기가 보약이라고 한다. 이 체질의 특징으로 음 목(陰 木)은 화장실에 자주 들락거리며, 양 목(陽 木)은 인상이 후덕하고 듬직해 보이는 것이 특징이라고 한다.

우리나라 국민의 25%를 차지하는 토(土) 체질은 수(水) 체질과 정반대로 위장(胃腸)과 췌장(膵臟)이 뜨겁고 신장(腎臟)과 방광(膀胱)이

냉하다. 신장(腎臟)과 방광(膀胱)을 보(補)해 주는 돼지고기·보리밥·게·새우·오이·참외·알로에 같은 식품이 좋다. 이 체질의 특징은 음 토(陰 土)는 피부가 희고 성격이 예민하며, 양 토(陽 土)는 부지런하고 판단력이 빠르다.

우리나라 국민의 25%를 차지하는 수(水) 체질은 신장(腎臟)과 방광(膀胱)이 뜨겁고 위장(胃腸)과 췌장(膵臟)이 냉하다. 위장과 췌장에 에너지를 올려주기 위해서는 인삼·홍삼·찹쌀·닭고기·개고기·사과·귤·밤 같은 음식이 좋다. 이 체질의 특징은 음 수(陰 水)는 내성적이고 꼼꼼하며, 양 수(陽 水)는 의심이 많으나 차분하다.

극히 드문 체질인 금(金) 체질은 목(木) 체질과 정반대로 폐(肺)가 실(實)하고 간(肝)이 허(虛)하다. 실하다는 것은 뜨겁다는 것이고 허(虛)하다는 것은 차다는 것이다. 이들에게는 해산물 같은 것으로 간(肝)을 보(補)해 주는 음식이 좋다. 이 체질의 특징은 음 금(陰 金)은 파킨슨병 같은 희귀한 병에 잘 걸리며, 양 금(陽 金)은 알레르기 질환으로 고생한다고 한다.

그런데 과학이 발달했음에도 불구하고 아직도 체질을 진단하는 방법에서 과학적인 데이터가 없어 정확성이 떨어진다는 데 문제점이 있다. 그리고 사람의 체질이 생활환경이나 식습관·성별·노화에 따라 변하기 때문에 일반인이 질병에 대처하는 데 어려움이 있다. 여기에서 우리가 상기해야 할 점이 있다. 인체에 생긴 염증 수치를 최소치로 낮추거나 제거할 수 있다면 질병이 사라진다는 사실이다.

맑은 물, 맑은 공기, 정갈한 음식, 기(氣) 수련이 건강을 지켜준다.

사람이 물을 마시고 나서 30초 후면 혈액에 도달하고, 1분 후에는 뇌 조직과 생식기에, 10분 후에는 피부에, 20분 후에는 장기(臟器)에 도달한다. 물은 인체의 어느 곳이든지 30분이면 도달하여 우리 몸에 직접적인 영향을 준다. 한번 마신 물은 다시 몸 밖으로 배출되기까지 약 90일간 체내에 머물며 노폐물을 제거하고 산소와 미네랄을 공급한다. 그래서 좋은 물을 약수(藥水)라고 부른 것이다.

기(氣) 수련을 하면 혈액에 영향을 끼쳐 오장육부(五臟六腑)가 균형과 조화를 이루어 기(氣)는 더 왕성하게 발산한다. 수련 방법은 조용히 눈을 감고 양손을 단전 앞에 모아 열감을 느낀다. 열감이 느껴지면 손에 힘을 빼고 손바닥을 마주한 상태로 끝까지 벌려준다. 손바닥이 하늘을 향한 상태로 올려준다. 머리 위 백회에 이르면 얼굴 가슴 단전 앞으로 서서히 내려온다. 이 방법을 반복하면 정신이 맑아진다.

노력하지 않고 건강할 수 있을까?

사람들은 힘들이지 않고 건강을 유지하고 싶어 한다. 내 몸은 돌보지 않으면서 유명하다는 명의나 명약만을 찾는다. 쉽게 건강을 유지할 수 있다면 얼마나 좋을까. 자연은 정직하다. 타협이 없다. 사람도 자연의 한 부분이기에 내 몸에 정성을 들인 만큼 좋아진다는 사실을 잊고 있다.

전신이 보이는 거울 앞에 서보자. 눈을 살며시 감고 편안한 자세가 되면 눈을 떠보자. 이때 보이는 모습이 평상시의 자세이다. 신체 전후의 불균형에 의한 자세는 근육이 과도하게 긴장하여 에너지의 소모가 많아진다. 그래서 극심한 피로·무기력·불안감·우울증·부정맥·협심증·호흡 장애 같은 증세가 나타났다.

팽이가 잘 돌다가 비틀거리며 쓰러지게 되는 이유는 중심을 유지하는 원심력과 구심력의 균형이 깨졌기 때문이다. 팽이채를 이용해서 팽이를 쳐 돌게 하면 균형을 유지하듯이, 신체의 전후·좌우·상하가 중심을 유지하도록 균형과 조화를 이루었을 때, 기혈(氣血) 순환이 원활하게 이루어지면서 건강을 유지하게 된다.

동양철학에서는 우주의 기를 음기(陰氣)와 양기(陽氣)로 구분한다. 음기란 땅속에서 취할 수 있는 생기(生氣)로 만물의 탄생을 주관하는 기운이다. 양기는 땅 위에서 만물의 성장을 주관하는 기운으로 바람·온도·햇빛 같은 요소로 보았다. 인체도 우주의 일부이기에 음기와 양기의 질서가 존재한다.

신체의 앞쪽은 음기가 뒤쪽은 양기가 흐르고, 신체의 오른쪽은 음기가 왼쪽은 양기가 흐르며, 신체의 하체는 음기가, 상체는 양기가 흐른다고 보았다. 과학자들은 이것을 대기 전기체·생체 전기체라고 명했다.

오스트리아 핵물리학자 마이트너(Lise Meitner)의 연구팀도 핵분열 반응과정에서 프로탁티늄이라는 원소를 1908년 발견하고 학회에 보고한 바 있었다. 그런데 목관호 박사는 1996년 '사리 연구보고'에서 "사리에서 희귀원소(稀貴元素) 프로탁티늄(Pa: Protactinium)이 발견되었으며, 대기 전기체와 생체전기체의 전류가 같았다.라는 연구 결과"를 밝혔다.

말기 암 투병 환자 대상으로 연구한 결과, 암세포들은 건강한 세포들보다 전기적인 에너지에 좀 더 민감해서, 외부에서 가해진 전류들은 암세포에 강한 영향을 미치게 된다. 연구에 의하면, 종양 부위에 바늘로 된 전극을 삽입하고 직류 미세 전류를 통해 자극을 가했더니, 종양 부위가 줄어들거나 사라졌다고 밝혔다.

이 실험에서, 양극은 종양 부위에 그리고 음극은 종양 부위에서 어느 정도 떨어진 부위에 위치시켰다. 이러한 현상에 대해, 아마도 종양 조직이 전기적인 삼투작용(滲透作用)에 의해 탈수되어, 종양 조직에서 히스타민, P-물질, 브래디키닌 등과 같은 통증을 유발하는 물질들의 생성이 차단되었을 것이라고 설명한다.

수승화강(水昇火降)이 이루어져야 건강할 수 있다.

찬 기운은 올라가게 하고 더운 기운은 내려가게 순환되는 것이다. 찬 기운[水氣]은 콩팥에서, 더운 기운[火氣]은 심장에서 생산된다. 건강한 몸을 유지하려면 단전을 뜨겁게 하여 콩팥의 수기를 심장으로 보낸다. 수기가 심장을 시원하게 해주면 심장에 있던 화기가 빠져나가 단전으로 내려간다. 이것이 반복되면서 수기가 위로 움직이면 머리가 맑아지고 시원해진다.

인체의 기혈순환이 잘되어지도록 도와주는 것은 마음이다. 마음은 사람의 몸에 깃들어 지식·감정·의지 등의 정신 활동을 할 수 있도록 도와준다. 이것의 본질은 변함이 없지만, 본질 안에서의 작용이 바뀐다. 시간과 공간과 질량이라는 본질은 변함이 없지만, 시간과 공간을 어떻게 사용하느냐에 따라 질량이 달라지듯이, 마음을 어떻게 사용하느냐에 따라 그 결과는 다르다.

그래서 선조들은 우주와 내가 하나 됨[宇我一體]을 강조하신 것이다.

심기신(心氣身)으로 구성된 인체를 건강하게 하려면…

선조들은 '자신을 아는 사람이 가장 현명한 사람이고, 분수껏 사는 사람이 가장 행복한 사람이다'라고 했다. 그렇다 "자기 안에 숨어있는 본성(本性)을 찾으려는 삶·넘치지도 모자라지도 않게 사는 삶"이 가장 아름다운 모습이라고 할 수 있다. 그런데 사람들은 자신의 몸에 관심(關心)을 가지지 않으면서, 그저 병들지 않고 행복하게 잘 살고 싶다고 한다.

과학의 발달로 주거환경과 생활환경이 편리해지고 있음에도 불구하고, 심신(心身)의 편안함과 건강을 통해 행복을 추구하는 웰빙 (well-being) 문화가 널리 퍼지고 있다. 그런데 사람들은 자연환경이 나빠졌다는 것을 의식하면서도 인체 환경이 나빠진 것에 대해서는 소홀히 하고 있다. 건강을 유지하기 위해서는 주거환경과 인체 환경의 관리가 더 중요한데도 말이다.

선조들은 나무는 죽어서도 생기(生氣)를 주고 황토는 활기(活氣)를 준다는 사실을 깨우치고, 땅의 습기와 동결 현상을 해결하기 위해 목재와 황토를 활용하여 한옥을 지었다. 한옥은 기단이 높아 땅으로부터 습기와 동결 현상을 피할 수 있으며, 황토와 짚의 구성이 자정작용을 하여 실내의 습도와 온도 등을 조절하여, 쾌적한 주거환경을 유지할 수 있게 해준다.

이처럼 심기신(心氣身)으로 구성된 인체를 건강하게 하려면 어떻게 해야만 할까?

만물(萬物)은 음양오행(陰陽五行)의 법칙에 따라 생성되었다가 소멸한다. 우리 인체도 마찬가지다. 몸이 너무 차서도[陰] 안 되고 너무 더워서도[陽] 안 된다. 그리고 우리 몸의 작용도 오행(五行: 木[간장]·火[심장]·土[위장]·金[폐장]·水[신장])의 작용에 따라 상호 상생상극(相生相克)을 하며 조화(調和)를 이룬다. 이 중에 어느 하나라도 균형이 깨지면 조화를 이루지 못한다.

서양 과학에서는 '볼 수 있어야 하고 그것을 수치화할 수 있어야 한다'라는 두 가지 조건을 갖추기 위해, 눈으로 볼 수 있는 장기(臟器)만을 대상으로 삼는다. 그러나 동양철학에서는 눈에 보이지 않는 기능까지도 대상으로 삼는다. 서양 과학은 물체는 볼 수 있기에 과학적 입증이 가능하지만, 동양철학의 정신 작용은 볼 수 없기에 입증할 수는 없다. 그러나 마음은 인식할 수 있다.

선조들은 '공부에 앞서 먼저 인간이 되자'라며 마음공부를 강조했다. 마음공부란 정신적으로 수양을 쌓는 일이다. 자연의 이치(理致)를 깨우치고 인간의 도리(道理)를 깨우치는 공부이다. 그래서 바른 마음·바른 깨우침·바른 행동을 하라고 한 것이다. 생활의 방편(方便)이 반드시 '옳은 것'만은 아니기에 선악(善惡)을 구별할 줄 알아야만 바람직한 생활상을 정립할 수 있기 때문이다.

그래서 선조들이 '심기혈정신(心氣血精神)'을 강조했다. 마음이 가는 곳에 기(氣)가 흐르고 기(氣)가 흐르는 곳에 혈(血)이 흐르며 혈

(血)이 흐르는 곳에 정(精)이 뭉치고 정(精)이 뭉쳐야 신(神)이 열린다는 뜻이다. 영국에서는 특수 카메라를 개발해 기(氣)의 실체를 과학적으로 입증한 바 있다. 기(氣)는 이제 믿음의 세계가 아니라 체험의 세계이며 과학의 세계인 것이다.

마음[心]과 몸[身]의 조화점(調和點)을 찾기 위해 기(氣) 수련을 하는 것이다.

동양철학에서는 인체(人體)를 상초(上焦)·중초(中焦)·하초(下焦)로 구분하였지만, 어느 것 하나 독립해서 존재하는 것이 아니다. 서로 균형과 조화를 이루어야만 건강할 수 있다. 여기에서 균형이란 생리적으로 건전한 신체를 뜻하고, 조화란 생리적으로 모든 장기(臟器)가 제 기능을 다하는 것을 뜻한다. 이처럼 마음과 몸이 어우러져 균형과 조화를 이룰 때 기(氣)가 활성화되는 것이다.

기(氣)가 활성화되면 먼저 혈액 속에 있는 물의 분자에 영향을 준다. 물의 분자에는 산소 원자와 수소 원자가 특정한 방향을 갖지 않고 임의로 나열되어 있다. 수련(修鍊)으로 일정한 자장을 걸어주면 산소 원자와 수소 원자가 정렬했다 흩어졌다 하면서 파장(波長)을 일으킨다. 이 파장은 혈관 내 자율신경을 자극하여 피 흐름을 빠르게 하여 암세포 결정구조를 흔들어 파괴하기도 한다.

희노애락(喜怒愛樂)을 잘 조절하자

황제소문(黃帝素問)에 "사람을 작은 우주[小宇宙]로 보고 사계절 및 오행의 작용과 마찬가지로 인체 역시 다섯 기(氣)의 작용과 다섯 감정의 변화에 따라 건강에 영향을 미치게 된다"라고 했다.

사람의 오장(五臟)은 오기(五氣)를 생성하고, 오기에서 기쁨·성냄·슬픔·근심·두려움의 다섯 감정이 나온다. 따라서 "지나친 기쁨·성냄은 원기(元氣)를 손상하게 되고, 지나친 추위·더위는 몸을 손상하게 된다"라고 했다.

영추(靈樞)에 "기쁜 생각으로 인한 불매증(不寐症)이 오래 지속될 경우, 심화(心火)가 위로 올라 폐백(肺魄)을 상하므로 정신 이상으로 실없이 웃는 미친병이나, 히스테리 증상 등의 증세가 나타날 수 있다"라고 했다.

내경(內徑)에 "성내면 기(氣)가 거슬러 위로 오르므로 피를 토하거나, 먹은 음식이 소화되지 않고 그대로 배설되는 증세가 나타나게 된다"라고 한 것은, 분노의 감정이 간(肝)을 붓게 만들어 비위(脾胃)를 자극하기 때문이다.

퇴계(退溪) 이황(李愰)은 성학십도(聖學十圖)에서 "마음이 선(善)하게 작용하는 도심(道心)과 욕망에 따라 움직이는 인심(人心)은 한마음의 두 모습이다. 도심과 인심을 연결하는 것은 경(敬)이다. 이 마음을 어떻게 잘 제어하며 살 것이냐의 답은 생각함이다. 생각함은 배움에 의해 그 능력을 보완한다"라고 밝혔다.

퇴계 선생이 말했듯이, 사람의 감정은 참 미묘(微妙)하다. 좋은 일이 있으면 기쁘고 즐거우며, 나쁜 일이 있으면 슬프고 우울하다. 이러한 감정은 왜 일어나는 것일까? 그리고 감정과 몸은 어떤 역할을 하고 있을까?

아유르베다(Ayurveda)는 5천 년 역사를 가진 인도의 전통적인 자연 치유 체계이다. 오늘날 아유르베다는 몸, 마음, 영혼을 하나의 시각으로 보면서 그 각각에 통용되는 특정한 방법들을 가지고 있다.

인간을 생화학적 절차들의 한정된 세트로 보지 않고, 마음을 단순한 두뇌의 작용으로만 여기지 않으며, 개인을 사회적 환경의 산물로 치부하지 않는다. 그것은 인간의 영혼이 마음-몸 복합체와 연결되어 있지만, 그것에 제한되지 않는 순수한 자각으로 본다. 이 자각은 어떤 일정한 환경에 얽매이지 않으려고 한다는 것이다.

감각을 너무 많거나 적게 또는 잘못 사용하면 그릇된 행위로 이어지고 마침내 통증을 일으킨다. 정신적인 질병은 감각의 오용, 부정적인 감정 축적과 같은 내부적인 요소들로부터 생긴다. 그래서 몸이 어떻게 작용하는지를 이해하려면 마음을 쓰는 방법을 알아야 한다.

인간들은 보고·듣고·느끼고·감동하고·웃고·화내고·운동하고·꿈꾸고·예측하고·자아를 깨닫고·창조적으로 생각하면서 살아 있는 동안 끊임없이 움직인다. 이러한 인간의 움직임은 곧 뇌(腦) 움직임이다.

인간의 뇌에는 '기분조절 회로'라는 것이 있다. 이것은 전두엽·측두엽·시상·시상 하부에 걸쳐 있어서 각종 신경전달물질과 호르몬의 영향을 받는다. 그리고 정상 범위 내에서 기분 변화가 이루어지도록 방어벽 역할도 한다.

기분조절 회로에 무리를 가하지 않고 제대로 작동하게 하려면 어떻게 해야 할까?

- 일정한 시간에 자고 일어나야 한다. 수면 부족 등 생활 리듬이 깨지면 신경전달물질 분비와 멜라토닌에 이상이 생겨 우울증이 발생할 수 있다.
- 햇볕을 충분히 쬐어야 한다. 일조량이 적은 늦가을과 겨울에는 햇볕을 많이 쬐도록 하고, 집안에 햇볕이 잘 들도록 한다.
- 규칙적인 시간에 식사한다. 폭식하거나 저녁 늦게 간식을 하는 것은 좋지 않다. 비만이 되면 대인기피증이나 우울증에 빠지기 쉽다.
- 적당한 긴장 상태를 유지해야 한다. 우울증에 걸린 사람의 뇌 사진을 찍어 보면 혈류량이 줄고 뇌 활동이 감소하는 것을 볼 수 있다.
- 완벽주의에서 벗어나야 한다. 모든 일을 완벽하게 처리하려는 사람은 자신을 피곤하게 한다. 높은 기대 수준은 실망과 절망으로 이어진다.

억울한 마음은 땀으로 풀어버리자

태초에 남녀가 서로 결혼하여 몇 대(代)를 거치는 사이에 족속이 불어났다. 족속들이 땅에서 솟아나는 지유(地乳)를 마시므로 혈기가 맑아져 품성이 순정하여 조화를 알고 생활하였다. 세월이 흘러 사람이 많아지면서 지유가 부족하여 사람들은 넝쿨에 달린 포도 열매를 먹으면서 피와 살이 탁해져 천성을 잃게 되었다.

이런 상황에서 그들이 생활하는 삶터에서 개인과 개인, 개인과 부족, 부족과 부족 사이에 다툼이 일어난다. 다툼은 사람들이 모여 사는 곳이라면 언제 어디에서나 있기 마련인 필연적인 현상이다. 이렇게 볼 때 다툼은 의사결정과 밀접한 관련이 있음을 알 수 있게 되었다.

의사결정 과정에서 선택을 둘러싸고 곤란을 겪는 상황을 갈등(葛藤)이라고 한다. 갈등은 그 성질에 따라 개인이나 집단 사이에 목표나 이해관계가 달라 서로 적대시하거나 불화를 일으키며, 저지 또는 차단을 당하였을 때 개인 간이나 집단 간에 생겨나는 불화 상태를 말한다.

갈등(葛藤)의 어원을 살펴보면, 칡 갈(葛) 자(字)로 칡은 줄기가 길게 뻗어가면서 다른 물체를 감아올라가며 자라는 습성이 있다. 등나무 등(藤) 자(字)로 등나무는 다른 나무를 오른쪽으로 감아올라가는 습성을 지니고 있다. 갈등은 이리저리 얽혀서 복잡하게 된다는 모습에서 유래한다.

등나무는 주위의 다른 나무들과 피나는 경쟁을 하여 삶의 공간을 확보하는 것이 아니라 손쉽게 다른 나무의 등걸을 감거나 타고 올라가 어렵게 확보해놓은 이웃 나무의 광합성 공간을 혼자 점령해버린다. 칡도 마찬가지로 선의의 경쟁에 길들어 있는 숲의 질서를 엉망으로 만들어 버린다.

그래서 사람 사이의 다툼을 갈등(葛藤)이라고 표현한 것이다. 그런데 개인마다 이런 갈등을 해결하는 방법이 다르다. 특정한 목적을 두고 서로 경쟁할 때 생기는 문제를 해결하기 위해 개인과 타협하거나 집단끼리 위계질서를 세우게 된다. 이렇게 갈등을 해결하기 위해서 협상을 하거나 조정하거나 중재하는 방법을 선택한다.

갈등에서 생길 수밖에 없는 한(恨)을 어떻게 풀어내야 할까?

억울하고 원통한 일이 풀리지 못하고 응어리져 맺힌 마음을 참지 못하면 자신의 몸에서 독기(毒氣)가 형성되고, 생리적으로 경련이 일고, 피부가 굳어지면서 안색이 검게 변하면서 자신을 먼저 해치게 된다. 그래서 울분을 참으라고 하는 것이다. 화를 다스리라고 하는 것이다.

중국 고사에 진나라 때 군사를 실은 배가 잠시 정박하였다. 이때 군사 한 명이 원숭이 새끼 한 마리를 붙잡아 실었다. 배가 떠나자 어미 원숭이는 배를 쫓아 100여 리를 따라갔다. 배가 부두에 정박하자 어미 원숭이는 서슴없이 배에 오르자마자 죽었다. 어미 원숭이의 배를 갈라보니 창자가 토막토막 끊어져 있었다고 한다.

사람들에게도 울분이 생기게 되어있다. 그 울분은 어디에서 오는 것일까? 사람들은 없어서 불평하기보다는, 공평하지 않아 불평하게 된다. 배가 고파서 불평하는 것보다는, 빼앗겼다고 느끼기에 불평하게 된다. 인간은 배가 불러도 사냥을 하기 때문이다. 그래서 선조들이 이(利)를 보면 먼저 도리(道理)를 생각하라고 했다.

이처럼 억울한 일이나 억장이 무너져 내리는 일을 당하게 되면 복받치는 울분을 참기 어렵게 된다. 이런 울분을 참지 못하고 오래 간직하게 되면 그 화가 자신에게로 돌아오기 때문이다. 그런데 응어리져 맺힌 마음을 버리고 땀으로 풀면 미움과 원한이 봄눈 녹듯이 사라지고 자신도 모르는 사이 몸과 마음이 평온해진다.

사람들은 화가 머리끝까지 올라있다는 말을 자주 한다. 화가 머리에 오래 머물게 되면 뇌의 부작용으로 질병이 발생하게 되어있다. 그래서 선조들이 수승화강(水乘火降)으로 다스리라고 하였다. 물은 올리고 화는 내리라는 뜻이다.

마음을 다스려 울분은 내리면, 단전의 작용으로 시원한 기운이 머리로 올라가는 작용이 반복하게 된다.

맨발 걷기운동을 시작하다

발바닥은 일상생활에서 가장 많이 사용되는 부위다. 그러다 보니 발바닥의 부작용이 발생하게 된다. 그 원인은 다양하지만, 동양의학에서는 손발에 오장육부 신체가 다 들어있고 경락에 연결되어 있어서 침으로 치료할 수 있다고 밝히고 있다.

그리고 발바닥에 용천혈이 있다. 이 용천혈은 발가락 부분을 빼고 발바닥 3분의 1이 되는 지점이다. 용천혈은 힘을 주고 발가락을 구부리면 발바닥에 사람인(人) 자 모양으로 움푹 들어간 곳이다.

용천혈(湧泉穴)이라는 이름은 '생명과 기운이 샘물처럼 솟아난다'고 하여 붙여졌다고 한다. 용천혈을 자극해 주면 심장과 신장 기능이 활성화되면서 고혈압과 저혈압 등의 질병이 개선된다고 하였다.

필자의 집 뒷산에 천마산이 있다. 천마산 둘레길 입구에서 여러 사람이 맨발로 걷고 있는 모습을 보았지만, 차마 용기를 내지 못하다가 최근에 필자도 맨발로 둘레길을 걷고 있다. 맨발 걷기운동을 하면서 땀이 많이 나고 머리가 맑아졌다.

가족들과 제주도 패키지여행을 다녀왔다. 제주도에서의 맨발 걷기를 소개한다.

가족들과 함께 3박 4일 일정으로 제주도를 가기로 하고, 제주도에 머무는 동안 '바른투어' 여행사에서 진행하는 일정에 따라 제주도 출신 고도연 가이드가 안내하는 팀과 합류하여 편안한 여행을 하게 되었다.

첫날은 제주도 서쪽 지역을 관광하였다. 여행지에 도착하는 동안 고도연 가이드는 제주도 방언을 담아 여행지의 풍습과 문화를 설명하여 지루할 틈도 없었다. 곧 제주 곶자왈 도립공원에 도착하였다.

곶자왈은 제주 방언으로 '곶'은 '숲'을 '자왈'은 '나무와 덩굴 따위가 엉클어진 수풀'을 의미한다고 한다. 화산활동으로 분출된 용암류가 만들어낸 암석 덩어리가 널려 있는 지대에 형성된 숲을 의미한다는 설명을 들었던 터라, 곶자왈 진입로에서부터 맨발로 걷기 시작하였다.

화산폭발로 만들어진 섬이라는 탄생 비화는 고스란히 제주도 흙에 그 비밀을 담고 있다. 제주도 탄생의 첫 순간을 상상하면서 맨발에 와닿는 흙의 감촉과 흙내음을 맡는다.

암석들이 나에게 조용히 말한다. 참된 여행은 너의 모습을 발견하는 것이라고, 나는 조용히 발바닥으로 전해지는 암석 조각들과 이야기하며 걷기 시작하였다. 그와 함께 숲에서 나오는 시원한 피톤치드를 마시자 기분이 좋아졌다.

다음날은 아침부터 비가 내렸다. 제주도 동쪽 지역을 관광하기 위해 출발하면서 고도연 가이드가 마음을 다해 원하면 비가 그칠 거라고 한다. 비 내리는 것이 아쉽지만 여행은 진행이 되었다.

수목이 활짝 핀 공원과 고목으로 자란 삼나무 숲길을 걷게 되었다. 그리고 제주도 토속 민속촌을 가게 되었다. 그곳은 아직도 5

천여 가구의 주민들이 공동체 생활한다는 가이드의 설명을 듣고 많은 생각에 잠겼다.

여행을 마치고 숙소인 신신호텔에 도착하니 6시 경이였다. 가족 모두 산책하자며 밖으로 나왔다. 마침 숙소 뒤에 공원이 있었다. 제주도는 삼다(三多)·삼무(三無)의 섬이라 하여 제주시에서는 이곳을 삼무공원으로 지정하였다.

공원 주변으로 소나무가 울창하고 소나무 밑에는 황토가 있었다. 맨발 걷기운동을 하기에 아주 좋은 조건이었다. 가족들은 공원 주변을 산책했고, 나는 황토의 느낌을 느끼며 맨발 걷기운동을 즐겼다.

가족들과 좋은 시간도 가지면서, 건강을 챙길 수 있었던 보람된 여행이었다. 이번 기회에 독자들에게도 '맨발 걷기운동'을 적극적으로 추천하는 바이다.

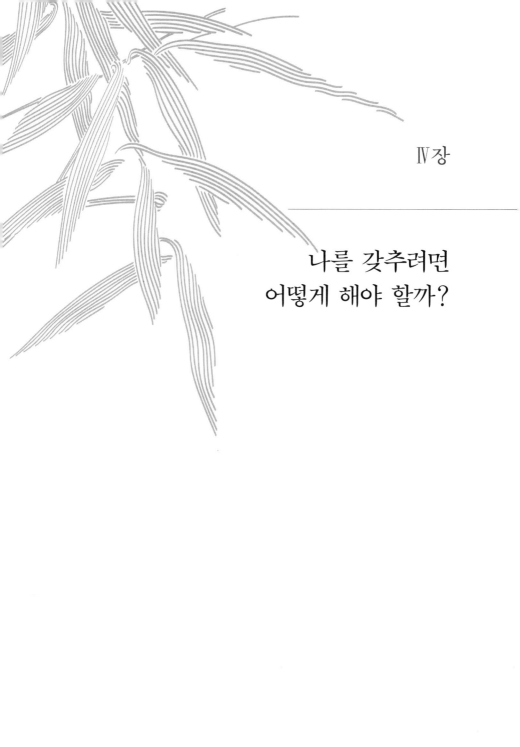

IV장

나를 갖추려면
어떻게 해야 할까?

나는 누구일까?

모든 생명체는 부모로부터 분화(分化)되어 태어난다. 이런 과정을 거쳐 태어난 인간을 자세히 살펴보면, 눈으로 보이는 질서와 보이지 않는 질서로 이루어져 있다.

보이는 질서는 '뼈대·근육·피부'를 근본 구조로 하고, 혈관과 신경 조직을 통해 연결되어 혈액과 산소를 유통하고, 정량적 정보[혈압·맥박·무게·온도 등]가 유통되는 체계로 이루어져 있다. 그리고 보이지 않는 질서는 경혈과 경락을 통한 기적 시스템인 기운과 마음[정서적 정보]이 연결된 체계로 이루어져 있다.

인체는 음식물을 통해, 지기(地氣)를 섭취하고, 하늘의 공기를 통해 천기(天氣)를 호흡함으로써 살아가고 있다. 그래서 심장박동이 멈추면 생명이 끝나는 것이라고 알고 있지만, 이것은 몸에 대한 생명일 뿐이고 마음에 대한 생명은 생각하지 못한 견해이다.

인체를 '참 자아'라고 인식하는 순간, 마음과 기운이 무시되고 인체의 기쁨과 쾌락에 빠져 타락하게 된다. 인체 혼자서 인간을 작용하는 것이 아니다.

선조들은 인체로 존재하는 것에 머물지 않고, 보이지 않는 그 실체를 알려고 했고, 그 과정에서 인간이 다른 생명체와 구별되는 특별한 점은 마음, 즉 의식을 지닌 존재임을 알게 되었다.

이 의식은 주변을 보고 느끼고 생각할 뿐만 아니라, 과거를 기억하고 미래를 예측하는 능력도 있다는 것이다. 인체에서 인식의 조화가 멈추면서 육체적 죽음으로 인해 마음이 떠나는 것이다.

인간은 '나'라는 자기의식을 지니고 살아간다. 이런 '나'는 인체를 지닌 존재로서 자율적으로 움직이면서 마음속으로 다양한 생각을 할 뿐 아니라, 행동을 통해 외부 환경에 영향을 미치는 주체로 인식한다. 이 의식은 자기 존재를 외부와 분리된 독립적인 자율적 존재로 인식하며, 자기 정체감의 바탕을 이룬다.

한민족 고유사상으로 전해 내려오는 단어 중에 '심신영기혈정(心神靈氣血精)'이라는 말이 있다. 마음[心]이 있는 곳에는 기(氣)가 있고, 기(氣)가 있는 곳에는 혈(血)이 있고, 혈(血)이 있는 곳에는 정(精)이 있다는 뜻이다.

분리되어 있는 것처럼 보이는 '정신과 물질'도 근본적으로는 하나의 에너지로 연결되어 있다는 것이다. 우리는 마음이라는 스위치로 우주에 충만한 에너지를 끌어올 수 있다. 그 에너지는 우리가 얼마나 집중하느냐에 따라 다르게 나타나게 된다.

이런 원리에 따라 마음을 바꾸면 생각이 변하고, 생각이 바뀌면 행동이 달라지고, 행동이 변하면 운명이 바뀐다. 이처럼 '마음의 작용'에 따라 사람의 운명과 삶의 방향이 달라질 수 있다. 사람이 본성(本性)을 밝히지 못하고, 생사에 집착하거나 두려워하게 되는 것은, 정보를 바르게 식별하는 심력(心力)이 부재하기 때문이다.

마음을 다스리려면 어떻게 해야 할까?

정신을 집중하고 호흡을 고르면 인체가 이완되고 잡념이 사라진다. 호흡의 안정과 정서의 안정은 상통한다. 호흡이 고르면 마음도 안정되고, 호흡이 가쁘고 거칠면 불안하고 예민해진다. 안정된 마음이 오래 유지되면, 신이 밝아져 본성을 깨닫게 되는 것이다.

수련 방법은 숨을 들이쉬고 내쉬는 것을, 무심히 관찰하는 것이다. 호흡 수련은 복잡한 기교가 필요한 것이 아니다. 자연스러움이 가장 중요하다.

선조들은 '인간이 태어날 때는 어머니로부터 같은 길로 나오지만, 죽을 때는 세 갈래 길로 떠나게 된다'라고 보았다.

첫 번째, '죽었다'라는 표현으로, 세상에 태어나 사람 노릇을 하지 못하고 죽은 사람이 가는 길이다.

두 번째, '돌아가셨다'라는 표현으로, 어느 정도 인격 완성을 이루어 사람 노릇을 하다가 죽은 사람이 가는 길이다.

세 번째, '천화(遷化)하셨다'라는 표현으로 삶의 목적을 크게 깨우쳐 인간완성을 이루어 혼이 신명계(神明界)에 든 사람이 가는 길이다.

아! 나는 어디에서 머뭇거리고 있는 것일까? 생각에 젖어 든다.

'도라지 타령'에 담긴 도리(道理)

경기 지방에는 '배꽃타령'이나 '매화타령'과 같이 꽃을 주제로 삼은 민요가 많다. 도라지 타령도 그중에 하나로 알려져 있다.

도라지는 한자(漢字)로 '도아지(道我知)'라 쓰며, '참나'를 아는 길이라는 뜻을 담고 있다. 도라지 타령의 유래를 살펴보았으나 확실한 근거를 찾을 수 없었다. 그러나 선조들은 이 도라지 타령을 듣고, 백성들이 도리를 깨우쳐 더불어 사는 사회가 되었으면 하는 마음이 담겨있다고 한다.

도라지 타령

도라지 도라지 백도라지
심심산천에 백도라지
한두 뿌리만 캐어도
대바구니 철철철 다 넘는다.
에헤요 에헤요 에헤요
어여라 난다 지화자 좋다.
저기 저 산 밑에
도라지가 한들한들

백(白) 자(字)는 선(仙) 자(字)에서 인(人) 자(字)와 산(山) 자(字)는 왼

쪽으로 돌려서 합쳐진 글자로 '희다, 밝다' 등의 뜻이 담겨있다. 도(道) 자(字)는 마땅히 지켜야 할 도리. 우주의 원리와 법칙이라는 뜻이 포함되어 있다. 백도(白道)는 '깨끗한 도로'라는 뜻으로 '정토(淨土)로 통하는 길'이라는 의미가 담겨있다.

심심(深深)은 '깊고 깊은'이라는 의미가 담겨있고, '심심산천'이란 인간 내면에 반수반신(半獸半神)이 공생하고 있는데, 신성(神性)의 기질이 수성(獸性)의 기지인 피해의식·이기심 속에 숨어버린 모습을 은유한 것이고, '심심산천에 백도라지'는 '마음속의 잡초를 뽑아내고 참 자아(自我)를 깨우쳐야 한다'라는 가르침이 담겨있다.

'백도라지 한두 뿌리만 캐어도 대바구니 철철철 다 넘는다'라는 가사에는 마음 수련을 통하여 깊은 내부의식에 한두 번만 느껴도 환희심이 철철 넘친다는 뜻이 담겨있다. 이런 뜻이 담긴 도라지타령을 무심코 부르기만 하여도 마음을 다스리거나 도리(道理)를 깨우치는 데 큰 도움이 될 수 있다고 한다.

우리 민족은 전통적으로 백의민족(白衣民族)으로 알려져 있는데, 백의(白衣)의 풍속은 옷감[모시] 때문에 선택된 색감이라기보다는 한민족 고유의 신앙에 뿌리를 두고 있다고 보는 것이 옳다. 즉, 제사 때 흰옷을 입고 흰 떡·흰 술·흰 밥을 쓰는 의식에서 유래했듯이, 백의(白衣) 역시 제사 의식에서 유래했다고 보아야 한다.

소인(小人)들은 하늘을 알고자 하지만 알 수가 없고, 땅을 알고

자 하지만 알 수가 없고, 내 마음을 알고자 하지만 알 수가 없다. 그러나 그 자리에는 큰 밝음과 큰 자유가 있다. 이런 아리랑의 이치와 도리를 모르게 되면 발병이 나서 얼간이로 살아간다는 것이다. 그래서 우리는 얼에 대한 자각이 필요하다.

우리 삶의 여정에는 바람도 불고, 구름도 흐르고, 비도 내리고, 새도 울고, 꽃도 피고, 열매도 맺는다. 마음이 바르면 바른 신(神)이 들어온다. 이렇듯 그 신(神)에 의해서 기운의 성질이 결정된다. 아리랑은 근본 자리에서 나온 것이기에, 그 속에는 천도의 이치가 있고, 생사가 있고, 선악이 있고, 기쁨과 슬픔이 함께 머물고 있다.

깨우침이란 '아! 그렇구나' 하고 스스로 터득하는 것이다. 스스로 관(觀)을 만드는 것이다. 스스로 잣대를 만드는 것이다. 스스로 기준을 만드는 것이다. 마음공부를 해야 하는 이유는 마음을 스스로 다스리지 않으면 잘못된 길로 가게 된다.

'짝짜꿍' 놀이에 담긴 오묘한 이치

음양(陰陽)이 조화를 이루어 근본 자리인 궁(宮)에 들어간다는 뜻

'짝짜꿍' 놀이는 '도리도리 짝짜꿍, 건지곤지 짝짜꿍, 주앙주앙 짝짜꿍' 세 가지 종류가 있다. '짝짜꿍'은 두 손이 만나서 짝짝 소리를 내며 합궁(合宮)한다는 뜻이며, 궁(宮)은 어머니의 자궁(子宮)으로 생명이 태어나는 자리이다. 인간은 어머니 자궁에서 태어나 깨달음을 얻고 조화궁(造化宮)으로 들어가게 되어있다.

'짝짜꿍'은 두 손이 맞추어져서 짝짝이 되듯이 세상의 이치도 합궁으로 이루어진다. 하늘과 땅이 만나 '짝짜꿍'이 되어 천지 만물이 생기고, 부부가 만나 '짝짜꿍'이 되어 자식이 태어난다. 따라서 선도 용어로 '하나로 이루어짐·조화·접합'을 짝짜꿍이라 한 것이다.

첫 번째 도리도리(道理道理)에 있다.

'도리'란 사람이 마땅히 행해야 할 바른길이며, 도리와 도리가 '짝짜꿍'이 되어야만 인간완성을 이룰 수 있다는 뜻이다. 도리도리[목 운동]와 짝짜꿍[박수]을 통해 두뇌가 개발되고 손바닥의 혈이 열리며 내장기관이 건강해진다. 지금은 '도리와 비도리' 혹은 '비도리와 비도리'가 만나니 도리를 지키는 사람들은 힘들 수밖에 없다.

두 번째 건지곤지(乾指坤指)에 있다.

‘건지곤지’에서 건(乾)은 하늘이고 곤(坤)은 땅을 말한다. ‘짝짜꿍’은 하늘과 땅을 알고 그 뜻을 보존하여 지킨다는 뜻이며, 곧 천도의 이치를 알려 주고 있다. 지금은 ‘곤지곤지’로 변했는데, 손가락으로 손바닥 한가운데에 있는 장심(掌心)을 번갈아 자극한다. 장심을 자극해 주면 소화가 잘되어 아이들이 건강하게 자란다.

세 번째 주앙주앙(主仰主仰)에 있다.

주앙(主仰)은 몸집 안의 주인인 신성(神性), 즉 조화주(造化主)를 믿으라는 뜻이다. 사람 안에 조화주가 이미 내려와 계심을 믿고 신성(神性)을 더 크고 밝게 키워야만 조화궁(造化宮)에 들어간다는 것이다. 손가락이 안으로 굽혀지듯이 오행이 천도에 따라 중심으로 모였다 분산된다는 의미가 담겨있다.

두 손이 맞추어져서 짝짝이 되듯이 세상의 이치도 합궁으로 이루어진다. 하늘과 땅이 만나 ‘짝짜꿍’이 되려면 음양이 있어 조화점을 찾아야 한다. ‘짝짜꿍’은 천지조화의 원리를 담은 말이다. 그래서 ‘짝짜꿍’ 놀이는 인간완성을 위한 수련 방법이다. 선도(仙道)에서는 이런 유희를 통해 심오한 철학과 건강원리를 가르쳐준 것이다.

세 가지 종류의 ‘짝짜꿍’ 놀이 모두 손바닥을 활용한다는 공통점이 있다. 손은 신체 부위 중 특별히 민감한 부위로 외부와의 기적 교류가 이루어진다. 손에서 일어난 진기(眞氣)는 폐경·소장경·심포경·대장경으로 들어가면서 온몸에 기적 자극을 주어 탁기(濁氣)를 내보내고 맑은 기운을 얻게 되는 것이다.

손바닥 한가운데 있는 자리를 장심(掌心)이라고 한다. 손바닥의 장심혈(掌心穴)을 활성화하면 체내의 탁기(濁氣)를 내보내고 외부의 맑은 기운을 받아들일 수 있다. 수련 방법은 장심혈에 의식을 집중하여 손바닥의 느낌을 찾아내면 된다. 이 장심을 통해 기(氣)를 터득하게 되면, 가슴의 화기(火氣)를 빼낼 수 있다.

선조들은 손바닥 중앙에 있는 장심혈(掌心穴)에서 생성된 진기(眞氣)가 뇌로 전달하며, 뇌로 전달된 진기는 기혈순환이 활발해지도록 역할을 한다고 하셨다. 과학자들이 연구 결과, '손바닥과 뇌는 연결되어 있다'라는 결과를 밝힌 바 있다.

자연의 이치와 인체의 건강원리를 연결하여 생명 본연의 모습을 회복할 수 있다.

삶의 모습 어떻게 갖추어야 할까

사람들은 삶터를 넓은 의미로 지구·자연이라고 표현한다. 이 삶터는 인구가 늘어나면서 거주지가 만들어지고, 거주지와 거주지를 연결하는 도로가 만들어진다. 더 나아가 생활에 필요한 모든 물품을 만들면서 자연의 모습은 차츰 변모된다. 그 이유는 조화로운 삶터를 만들려고 하기보다는 편리한 삶터를 찾았기 때문이다.

'삶터'를 들여다보아야 한다.

인간이 공동생활을 하는 삶터, 이 삶터의 형태에 따라 촌락·도시로 나뉜다. 이러한 생활환경은 자연(自然) 안에서 이루어진다. 삶터는 자연이 아니면 유지될 수 없다. 그런데도 자연은 우리에게 아무런 말을 하지 않는다. 단지 '조화를 이루며 살라'는 가르침을 주면서 이런 이치를 깨닫도록 기다리고 있다.

동양철학에서는 자연을 도(道)라고 한다. 도(道)란 보이지 않는 정신세계로 삶터의 위계질서를 담고 있다. 위계란 사람들이 살기 위해 저마다 일하는 자리를 말하는 것이다. 삶터에 있는 사람들은 정치의 지배를 받게 되어있다. 이 정치는 의롭지 않으면 안 된다. 그리고 덕이 쌓여야 한다.

도(道)의 자리는 조화(造化)의 자리이다. 조화란 만물을 창조하고 기르는 대자연의 이치를 말한다. 이런 조화의 힘은 넘치지도 모자라지도 않는 자리를 말한다. 따라서 인간이 추구할 수 있는 최선의 자리이기도 하다. 인간을 가리켜 만물의 영장이라고 하지만, 인간 역시 자연에서 태어나 자연으로 돌아가는 존재일 뿐이다.

'몸통'을 들여다보아야 한다.

부모는 나를 낳아주셨고, 자연은 내가 살 수 있게 공기와 물과 곡식을 얻을 수 있는 삶터를 주었다. 그런데 부모의 은공에 감사하면서도 자연의 은공에는 감사하지 않는다. 공기와 물과 곡식이 없다면 어떻게 될까? 깨끗한 공기, 맑은 물, 정갈한 음식은 우리 육체를 지켜주는 큰 힘이 된다. 감사한 마음을 가져야 한다.

육체 관리를 올바르게 하려면 겉으로 나타나는 관절과 근육과 겉으로 보이지 않는 내장(內臟)과 혈관(血管)을 좋아지게 해야 한다. 이 모두를 함께 좋아지도록 균형과 조화를 이루어야 하는데, 겉으로 보이지 않는 내장과 혈관 관리에 좀 더 신경을 써야 한다. 그만큼 힘들다는 것이다.

'생활 습관'을 들여다보아야 한다.

미래를 결정하는 요인 세 가지가 있다. 첫째는 숙명(宿命)이다. 날 때부터 타고난 운명이다. 둘째는 우연(偶然)이다. 아무런 인과 관계가 없이 뜻하지 않게 만들어진 결과이다. 셋째는 노력(努力)이다. 목적을 위해서 있는 힘을 다하는 것이다. 이렇게 마음을 비우고 목표를 향해 노력할 때 숙명과 우연에서 벗어날 수 있다.

인간은 도리(道理)에 어긋나지 않고, 자연의 이치를 거스르지 않고, 어떤 협약에도 어긋남이 없는 거동을 해야 한다. 그러기 위해서는 먼저 육체를 사랑하고 돌봐야 하는 이유이다. 그러나 마음공부를 하지도 않으면서 육체 운동만 한다면 목적지 없는 항해와 같은 것이다. 함께 몸과 마음을 다스려야 하는 이유다.

선조들은 '심기혈정신'(心氣血精神)을 강조했다.

마음이 가는 곳에 기(氣)가 흐르고, 기(氣)가 흐르는 곳으로 혈(血)이 흐르고, 혈(血)이 흐르는 곳에 정(精)이 뭉치고, 정(精)이 뭉쳤을 때 신(神)이 열린다. 이런 기(氣)의 흐름을 알 수 있는 연구 결과가 있다. 명상에 든 사람 뇌파를 측정하니 알파파[8~14Hz]였다. 그러나 뇌파가 14Hz 이상으로 올라가면 활동 뇌파가 되고, 8Hz 이하로 떨어지면 수면 뇌파가 된다는 것이다.

그래서 선조들이 수련할 때 잡념을 버리고 잠들지 말라고 강조한 것이다.

삶의 목적을 찾아 나서다

우리는 평소 잘못된 정보를 통해 받아들여진 관념이나 다양한 유전적 정보와 생활 습관을 버릇이라고 한다. 이 버릇은 일상생활에서 부딪치는 문제들을 본성에 비추어 근본적으로 해결하기보다, 임시방편적인 대응을 하며 본모습을 숨기려고 하면서 생긴다.

이런 버릇은 오랜 습관을 통해 겹겹이 쌓여서 잘 벗겨지지 않는데, 보통 사람은 이것을 지키는 것이 자신을 방어하고 지키는 것으로 여긴다.

선조들은 이러한 습관을 고치기 위해 어떤 노력을 했을까?

배달국 1세 거발환(居發桓) 환웅(桓雄)은 환국 말기에 새 역사 시대를 열면서 '만물을 낳고, 길러내고, 다스리는 우주의 원리'로 가르침을 베풀고, 백성들에게 인간완성의 수행법으로 권선징악(勸善懲惡) 법을 펴면서 일상생활로 삼게 했다. 다스리기 어려웠던 족속들을 이런 가르침으로 다스려 번성(蕃盛)하게 되었다.

고조선 시대 11세 도해(道奚) 단군은 하늘·땅·사람의 창조 정신과 목적이 담긴 염표문(念標文)으로 펼쳤다. 이 염표문은 인류의 시원 국가인 환국으로부터 내려오는 문화의 진리를 깨달아 마음에 새기고 생활화하여 환국의 진정한 백성이 되라는 글이다. 도해 단군은 "일신강충·성통광명·재세이화·홍익인간"이라고 강조했다.

삶의 목적과 가치를 어떻게 지켜나갈 것인가?

우리는 일상생활 속에서 물질세계의 허상에 빠져 욕망에 따라 살아가는 삶과 정신적 가치를 현실에서 실현하는 삶, 그 사이에서 갈등하게 된다. 위선이나 가식이 없는 솔직한 마음을 내부의식이라고 한다.

만물에 대한 다양한 감정이 내부의식에서 늘 혼재하기 때문에, 남을 속이거나 자신을 합리화하는 일 같은 외부 의식이 내부의식과 상충할 때, '불안·죄의식·피해의식'과 같은 부정적 의식에 빠진다.

내부의식은 매우 정직해서 자신의 진실한 감정·정서를 따른다. 자신의 솔직한 감정을 있는 그대로 기억하는 것, 이것이 내부의식의 세계이다. 이 내부의식을 바꾸기 위해서는 철저한 통찰과 자기반성이 필요하다. 우리가 올바른 삶을 선택하기 위해서는 다음과 같은 과정을 거쳐야 한다.

첫 번째는 원리 공부이다.

육체의 건강을 위해 먼저 인간의 실체를 알아야 한다. 그리고 이치와 법을 익히고 배우는 것이다. 자신 속에 천지 마음과 천지 기운이 담겨있음을 자각하고 자신 안에 담겨있는 완전성을 인정하는 것이다. 그리고 우주에 존재하는 온갖 사물과 현상의 이치를 배우고 익히는 것이다. 이런 원리를 통해 전체 완성까지 이르는 법을 아는 것이 원리 공부이다.

두 번째는 수행 공부이다.

자연의 섭리와 이치를 체율체득(體律體得) 하는 과정이 수행 공부다. 그러므로 반듯이 자연의 섭리와 이치를 먼저 원리 공부해야 하며, 수련을 통해 그 참 의미를 깨닫고 몸과 마음으로 체득하는 것이다. 원리란 시간과 공간을 초월하여 변함없이 적용할 수 있는 보편적 법칙이다. 이 원리는 사람이 감정과 관념에 빠져 있을 때 바른 길로 안내하는 잣대 역할을 한다.

세 번째는 생활 공부이다.

생활 공부가 필요한 이유는 혼(魂)의 성장을 평가하고 확인하기 위해서다. 눈에 보이지 않는 혼이 얼마나 성장했는지 드러내 주는 것은 성품이다. 이 성품은 관계 속에서 드러나는 혼의 모습이다. 살아오면서 지은 업이나 나쁜 습관을 소멸하면서 현재 일어나고 있는 모든 일에 기뻐하고 감사하는 마음을 가져야 한다. 이런 마음이 드러날 때 자신뿐 아니라 다른 사람까지 포용하는 힘이 생기는 것이다.

우리가 어떤 정보를 선택하느냐에 따라 삶의 양상이 달라질 수 있다.

원리 공부, 사람에 대한 가르침

부모님은 나를 낳아 주시고, 자연은 나를 키워준다. 그런데 사람들은 부모님의 은공(恩功)은 감사하다고 표현하면서도, 자연의 은공(恩功)은 감사할 줄 모른다. 자연이라고 표현한 내용은 구체적으로 '공기와 물과 곡식'이다.

만약에 '공기가 없다면, 물이 없다면, 곡식이 없다면 어떻게 살 수 있을까? '깨끗한 공기, 맑은 물, 정갈한 음식'은 우리의 건강을 지켜주는 파수꾼이기도 하다.

우리가 육체적으로 건강(健康)하기 위해서는 뼈와 근육이 튼튼해야 하지만, 오장육부(五臟六腑)도 균형과 조화를 갖추어야 한다. 그 이유는 음양오행(陰陽五行) 이론으로 살펴보면 다음과 같다.

- 상생(相生) 이론으로 보면, 위장은 폐장을 도와주고 폐장은 신장을 도와주고 신장은 간장을 도와주고 간장은 심장을 도와준다.
- 상극(相剋) 이론으로 보면 심장은 폐장을 극하고 폐장은 간장을 극하고 간장은 위장을 극하고 위장은 신장을 극하고 있다.

이처럼 '오장육부' 중에서 어느 한 기능만 작용해서도 안 된다. 서로 균형과 조화를 갖추어야 한다. 그래야만 피가 제대로 흐르고 피가 제대로 흘러야 기(氣)가 왕성하게 발산된다.

결국 기(氣)를 왕성하게 발산시키기 위해서 공기를 마시고 물을 마시고 음식을 먹어야 하는 이유이다. 그래서 음양 이론을 활용하여 자연이 우리에게 준 여러가지 식품을 약품으로 활용하게 되었다.

사람들은 이런 약리작용(藥理作用)만으로도 몸은 다스릴 수 있다고 생각했다. 그러나 세월이 흐르면서 차츰 무언가 부족함을 느끼고 생각해 낸 것이 정신작용(精神作用)이다. 그래서 선조들이 심기혈정신(心氣血精神)을 강조했다. 마음이 향하는 곳으로 기(氣)가 흐르고, 기(氣)가 흘러야 혈(血)이 흐르고, 혈(血)이 흐르는 곳에 정(精)이 뭉치고 정(精)이 뭉쳐야 신(神)이 열린다고 한 것이다.

사람들이 복수심과 증오심 같은 감정에 순간적으로 휩쓸리지만, 일단 감정이 입력되면 증폭되면서 확장된다고 한다. 그러나 목숨을 걸고 복수하려는 마음도 상대의 말 한마디에 사라질 수도 있다.

이런 감정은 빅뱅 현상처럼 폭발했다가도 한순간 블랙홀처럼 사라진다. 마음의 황폐함은 본성(本性)을 잊었을 때 온다. 근본을 지키는 것은 마음을 지키는 것이다. 마음을 지킨다는 것, 참 도(道)를 아는 것이다.

이런 마음을 정의(定義)한다면 '기(氣) 더하기·감정 더하기·느낌의 집합'이라고 할 수 있다. 그러니 마음의 본질이란 절반은 느끼는 실체이고, 절반은 대기나 공기처럼 보이지 않는 실체이다.

그래서 마음은 "있다·없다"라고 규정할 수 없는 것이다. 마음에서 일어나고 마음속에서 사라지는 이런 마음을 표현할 수 있는 대상은 인체 내에서는 기(氣)밖에는 없다고 할 수 있다.

기(氣)는 정보를 실어 나르는 매체이며, 정보가 몸을 통해 스스로 드러내도록 해주는 힘이다. 우리가 갖추고 있는 감정들도 모두

기(氣)이다. 이 모든 것을 포함하면서 기운의 근본이 되는 이것을 천지기운(天地氣運)이라고 한다. 사람은 천지기운에 의해서 태어나서 생각하고, 말하면서 살다 기운이 끊어지면 사망하는 것이다.

우리 몸에서 기운을 발생시키는 자리를 단전(丹田)이라고 한다.

- 내단전은 상·중·하단전으로 구분한다. 상단전은 인당(印堂)과 옥침(玉枕)혈 사이에, 중단전은 전중(顫中)과 신도(神道)혈 사이에, 하단전은 기해(氣海)와 명문(命門)혈 사이의 중간 부위에 자리하고 있다.
- 외단전은 양 손바닥에 있는 장심(掌心)과 양 발바닥에 있는 용천(湧泉)으로 구분한다.

우리가 단전의 중요성을 잊고 관리를 소홀히 하면, 단전이 냉해지면서 소화가 안 되거나 가슴이 답답하고 정서적으로 불안해진다. 이를 극복하기 위해 호흡을 들이마실 때는 아랫배를 내밀고, 숨을 내쉴 때는 배를 당기는데, 가장 편안한 정도로 해야 한다. 단전 호흡을 하게 되면 혈액순환이 잘 된다.

기(氣)는 지식으로 터득(攄得)되는 것이 아니다. 몸과 마음으로 자각하는 것이다.

수행 공부, 호흡하고 있음에 감사하자

이 순간 나를 존재하게 하는 것은 목숨이다. 사람이 코나 입으로 공기를 들이마시고 내쉬는 숨이 바로 목숨의 실상이다. 이렇게 소중한 숨은 태어나면서부터 배우지 않아도 누구나 다 할 수 있다.

그런데 선조들은 소홀히 생각할 수 있는 호흡에서 그 참 의미를 깨닫고, 몸과 마음의 감각이 깨어날 수 있도록 균형과 조화를 이루어야 한다고 밝힌 것이다.

그래서 선조들은 자연스럽게 숨을 쉬다 보면 숨의 더 깊은 의미, 생명의 참모습을 알게 된다고 한 것이다. 그렇다 숨을 고르게 쉰다는 것, 그것은 숨결이 지극히 곱다고 느낄 만큼 부드럽게 다스리는 것이다.

자신의 호흡을 시간에 의식하지 않고 숨결에 집중하게 되면, 몸과 마음의 근원적인 생명 리듬을 되찾게 되어, 영혼과 육체의 조화가 절로 이루어지게 된다는 것이다.

인체는 내단전(內丹田)과 외단전(外丹田)으로 나눌 수 있다.

인체는 기운이 합성되고 저장되는 곳이 있다. 인체의 생명 활동은 3개의 내단전을 중심으로 이루어지며, 4개의 외단전은 보조적인 역할을 한다. 내단전은 하단전·중단전·상단전이 있고, 외단전은 양 손바닥에 있는 장심(掌心)과 양 발바닥에 있는 용천(湧泉)이 있다.

내단전(內丹田) 시스템

하단전(下丹田)은 기해혈(氣海穴)과 명문혈(命門穴) 사이에 있다. 하단전은 아랫배, 허리, 골반 부위에 있는 "기해(氣海)·관원(關元)·곡골(曲骨)·회음(會陰)·장강혈(長强)·요양관(腰陽關)·명문(命門)"등의 혈(穴)로 구성되어 있다.

하단전에서 양기(陽氣)와 음기(陰氣)가 균형과 조화를 이루어지면 정(精)이 기(氣)로 바뀌면서 그 기운이 중단전을 거쳐 상단전으로 들어가게 되면 수승화강(水昇火降)이 완성된다. 이때 하단전에서 붉은색을 발산한다.

중단전(中丹田)은 전중혈(顫中穴)과 신도혈(神道穴) 사이 중간 부위에 있는 "천돌(天突)·옥당(玉堂)·전중(顫中)·중정(中庭)·거궐(巨闕)·대추(大椎)·신주(身柱)·신도(神道)·영대(靈臺)·지양(至陽)"등의 혈(穴)로 이루어져 있다.

중단전이 완성되면 수기(水氣)는 위로 올라가고, 화기(火氣)는 아래로 내려간다. 이런 과정을 거쳐 마음이 열리고, 마음이 열린 만큼 공심(公心)이 켜지면서 주위의 영향에 흔들리지 않고 평온한 마음을 유지할 수 있다.

상단전(上丹田)은 인당혈(印堂血)과 옥침혈(玉枕穴) 사이 중간 부위에 있는 상단전을 중심으로 하여 두개골 부위에 있는 "백회(百會)·전정(前頂)·인당(印堂)·미간(眉間)·태양(太陽)·옥침(玉枕)·아문(?門)"등의 혈(穴)로 구성되어 있다.

상단전 완성의 가치는 영적 완성을 이루는 데 있다, 이 과정에서

초인적인 능력이 나타나기도 하는데, 이런 상황에 빠지다 보면 깨달음을 얻지 못한다. 그래서 항상 사심(私心)을 버리고 공심(公心)을 유지해야 한다.

외단전(外丹田) 시스템

장심혈(掌心穴)은 손바닥 한가운데에 있다. 손바닥의 장심혈을 활성화하여 생겨난 진기(眞氣)는 온몸에 기적(氣的) 자극을 주어 탁한 기운을 내보내고 맑은 기운을 받아들이게 한다.

특히 손바닥에서 생성된 진기(眞氣)가 뇌(腦)로 전달되면 충분한 산소와 혈액이 공급되면, 가슴의 화기(火氣)와 탁기(濁氣)를 빼주기도 있다. 그리고 장심을 통해 기(氣)를 터득하게 되면, 다른 신체 부위도 쉽게 터득하게 된다.

용천혈(湧泉穴)은 발가락을 구부리면 발바닥에 사람인(人) 자(字) 모양으로 움푹 들어간 곳에 있다. 용천혈은 생명과 기운이 샘물처럼 솟아오른다고 해서 붙여진 이름이다.

용천혈을 자극해 주면 심장과 신장 기능이 활성화되면서 고혈압과 저혈압 등의 질병이 호전(好轉)될 수 있다. 황제내경에서도 간장 비장 위장 신장 방광 등을 관장하는 주요 경혈이 모여 있다며 철저한 관리를 당부하고 있다.

이런 원리를 바탕으로 수련한다는 것은 사람이 나아가야 할 방향과 목표를 제시하는 설계도와 같은 것이다.

생활 공부, 흥겨운 삶터 이루어내자

세상 만물이 태어나고 성장하면서 완성되었다가 소멸하는 과정의 원리를 인간 중심으로 설명한 내용이 천부경(天符經)이다. 그리고 천부경의 주석서인 삼일신고는 인간 세상을 이롭게 하는 이치의 원리를 366자로 담은 경서(經書)이고, 참전계경은 삶의 생활 규범을 366가지 지혜로 담은 경서(經書)이다. 삼일신고 제5장 '인물'에 담긴 내용을 아래와 같이 구성해 보았다.

신라 때 최치원은 자연의 섭리와 이치를 통찰하고 기(氣)의 생성 원리를 명쾌하게 설명했다. 난랑비 서문에서 나라에 현묘(玄妙)한 도(道)가 있으니 이를 풍류(風流)라고 밝혔다. 최치원은 이 경지에 이르게 되는 이치를 현빈일규(玄牝一竅)로 설명했다. 현빈일규(玄牝一竅)의 뜻은 천기(天氣)와 지기(地氣) 사이 공간에 합(合)을 이루면 '하나의 구멍'이 생기며, 그곳에서 기(氣)의 교감이 생긴다는 것이다.

최치원이 '하나의 구멍'에서 기(氣)가 머문다고 한 뜻은 어떤 의미일까? '하나의 구멍'을 과학적인 방법으로 비유하여 설명하자면, A 지점과 B 지점에서 무전기(無電機)로 교신하려면 우선 무전기의 주파수가 연결되어야 하는 것처럼, 천기(天氣)인 우주의 주파수와 지기(地氣)인 땅의 주파수가 연결되어 에너지가 전달될 때 우아일체(宇我一體)를 이룰 수 있는 것이다.

고대 그리스에서 의학은 과학이라고 주장하던 히포크라테스는 인체의 부분들이 전체적인 구조 안에서 파악되어야 한다는 연구 결과를 도출해 냈다. 이후 1926년 하롤드 쿠민스 박사의 '피부문양학'은 피부 문양의 형태를 통해 연구하는 학문적 용어다.

그는 피부 문양의 형성은 태 속에서 13~19주 경에 발육 형성되는데, 피부 문양의 배열 형식은 염색체의 유전자가 통제하고 조절하여 결정된다고 밝혔다.

캐나다의 신경외과 의사 펜 필드는 간질환자의 치료를 위해 두개골 일부를 제거하는 기술을 개척하였다. 그는 몸의 비율로 보면 뇌의 상당한 부분이 손과 관련이 있으며, 손을 통해 정보를 교환하고 있다고 밝혔다.

이후 뇌과학 분야에서 열 가락 지문(指紋)이 뇌와 연결되어있어, 지문의 문양에 따라 개개인의 특성이 표현된다며, 지문 분석을 통해 타고난 천성(天性)을 알 수 있다고 밝혔다.

현대 과학자들은 더 나가서 지문 패턴 데이터를 활용한 과학적 분석 프로그램으로 개인의 선천적인 성향과 특성을 분석하여, 개인에게 적합한 진로 선택·직업 선택·인간관계에 도움이 될 수 있는 데이터를 제시할 수 있게 되었다고 밝혔다.

그래서 선조들은 마음이 바뀌면 생각이 변하고, 생각이 바뀌면 행동이 달라지고, 행동이 변하면 운명이 달라진다는 것을 깨닫고, 선도 수련하라고 강조한 것이다.

선조들이 개개인의 품성을 누구나 쉽게 이해할 수 있도록 한 학문이 환역(桓易)이다. 이 환역은 희역(羲易)을 거쳐 지금의 주역(周易)

으로 이어졌고, 좀 더 과학적으로 접근한 학문으로 심명철학(心命哲學)이 있다.

심명철학(心命哲學)은 최봉수 박사가 창시한 학문으로 동양의 역경(易經)과 서양의 현대물리학의 원리를 바탕으로 60여 년의 실증적 임상 검증을 통해 만들어진 과학화된 명리학이다.

심명철학에서는 인간의 품성을 태어난 생년월일시[四柱]의 오행원속(五行元屬)·십신통변(十神通變)·교관작용(交關作用) 등의 분석으로 개인의 성격이나 선천적 재능을 파악한 후, 실증적 임상 검증을 통해 만들어진 자료들을 성학십도(聖學十圖) 중 심통성정도(心統性情圖)를 바탕으로 분류하여 선천적 재능에 어울리는 진로를 제시할 수 있었다고 밝히고 있다.

동양철학과 서양 과학이 밝힌 개인의 유전학적 기질·선천적 성향·강점과 약점의 지능을 근거로, 청소년에게는 학습 방법과 진로를 선택할 수 있도록 방향을 제시해 주고, 젊은이들에게는 자신의 위치에서 마음껏 재능을 펼칠 수 있도록 한다면, 가족들도 든든한 마음으로 지켜보는 환경이 만들어지게 된다. 이러한 환경이 만들어지려면 모두가 스스로 중심을 잡고 인간으로서 지켜야 할 도리를 실천해야 한다.

그래서 깨달음에 그치지 말고, 세상에 나가서 올바르게 펼치라고 한 것이다.

천부경에 담긴 홍익인간의 정신

선조들은 우주라는 공간에서 만물이 '생성·성장·완성·소멸'하는 과정을 아무런 지식이 없는 후손들을 위해 인간을 중심으로 알기 쉽게 설명했다.

최초 문자가 없던 시대에서는 말씀으로 전했다. 후손들이 번창하자 직접 보고 말하지 않아도 될 문자가 필요했다. 최초의 문자가 만들어지면서 한민족의 정신 철학이 문자로 기록되어 후손들에게 전해졌다.

환국-배달국-단군 시대를 거치면서 천부경과 삼일신고와 참전계경이 기록으로 완성되었다. 천부경에는 만물의 '생성·성장·완성·소멸'하는 원리가 담겨있다. 삼일신고에는 5장으로 구분하여 천부경의 원리를 366자로 설명하고 있다. 참전계경은 천부경과 삼일신고의 원리를 실천할 수 있도록 하는 방법을 366가지 지혜로 제시하였다.

한민족 정신문화의 원리가 담긴 천부경은 환국 시대에 말씀으로, 배달 시대에 녹도문(鹿圖文)로 기록하여 전해지다가, 단군 시대에 이르러서는 전자(篆字)로 기록되었다.

최치원은 이 비석을 보고 81자 갑골문 천부경을 묘향산 석벽에 암각(岩刻)하였다. 일제강점기에 계연수가 묘향산 석벽에 새겨진 천부경을 탁본하여 단군교에 보내면서 세상에 알려지게 되었다.

81자 천부경을 다음과 같이 한글 천부경으로 구성해 보았다.

보이지 않는 텅 빈 공간에서 보이는 세상으로 드러날 때 한 생명체로 태어난다. 이 생명체의 작용을 마음과 기운과 몸으로 나누어 보지만 그 근본은 변함이 없다. 생명체가 작용하는 순서는 마음이 첫 번째 기운이 두 번째 몸이 세 번째이다. 초승달이 돋아나 조금씩 커져서 보름달이 되고 나면 보름달은 조금씩 일그러져서 그믐달이 되었다가 다시 초승달로 순환된다.

마음은 선악으로 기운은 청탁으로 몸은 후덕함과 천박함으로 각각 작용하면서 균형과 조화를 이루고 있다. 균형과 조화를 이룬 건강한 남자와 여자가 결혼하여 자손을 출산하는 가정들이 계속 이어진다. 3개월마다 계절의 변화가 생기고 계절은 봄과 여름과 가을과 겨울로 순환된다.

1년의 순환과정이 변화무쌍한 것 같지만 계절이 순환되는 법칙 그 근본은 변함이 없다. 인간 마음이 한결같은 우주심을 계승했는데 태양을 이고 사는 생명체 중에서 인간만이 우주심을 이어받았다. 보이는 세상에서 보이지 않는 공간으로 돌아갈 때 한 생명체로 마친다.

우리는 한민족의 정신문화를 잠시라도 잊어서는 안 된다. 인간을 중심으로 해서 우주 만물의 생성과 소멸 과정에서 인간완성을 이루고 '홍익인간' 정신을 펼치라고 알려준 것이 천부경이다. 이런 내용을 노랫말에 담아 누구나 흥겹게 즐기면서 이해했으면 해서 '천부가'를 구성해 보았다.

천부가

작사:조한석
작곡:조은별

허 공에 있 - 던 마 음과 기 운 몸 에 담 겨 서 태 어 난 다 네
허 공에 있 - 던 마 음과 기 운 몸 에 담 겨 서 태 어 난 다 네

자 연의 섭 리와 이 - 치 따 라 사 랑 으로 태 어 난 후 - 손 들
음 양의 조 화로 이 - 루 어 진 몸 뚱 이 는 성 장 을 위 - 해 서

심 신의 조 화로 중 심 - 잡 고 온 세 상을 이 롭 게 하 다 가
타 고난 본 성을 갖 추 - 려 고 우 주 마음 찾 아 서 헤 매 다

후 손에 게 사 랑만 남 - 기 고 자 연 으로 되 돌 아 간 - 다 네
후 손에 게 사 랑만 남 - 기 고 자 연 으로 되 돌 아 간 - 다 네

'건강과 용기' 얻을 수 있는 단전 수련

인간에게는 몸에 대한 생명과 영혼에 대한 생명이 존재하며, 부모를 통해 몸을 받아 한 생명체로 탄생한다. 지금에 이르기까지 생명을 자신의 육체와 동일시하는 견해가 일반적이었다.

그래서 생명을 몸에 있는 심장의 수명으로 보고 심장박동이 멈추면 생명은 끝나는 것이라고 봐왔지만, 이것은 몸에 대한 생명일 뿐, 영혼에 대한 생명은 생각하지 못한 견해이다.

선조들은 인간의 실체를 살펴볼 때 육체와 마음 그리고 이 둘을 연결하는 기(氣)로 구분하여 보면서, 육체와 마음 가운데 기(氣)가 있어, 세 가지 기능을 하나로 연결하여 조화를 이룬다고 밝힌 것이다. 마음에 따라 힘이 생기고, 분위기에 따라 마음이 생긴다. 그래서 마음과 기운과 육체의 균형과 조화가 절대적으로 필요하다.

인체에는 기운이 합성(合成)되고 저장되는 곳이 있다. 이곳을 단전(丹田)이라고 한다. 인체에는 내단전(內丹田)과 외단전(外丹田)으로 나눌 수 있다. 내단전은 하단전·중단전·상단전이 있고, 외단전은 양 손바닥에 있는 장심(掌心)과 양 발바닥에 있는 용천(湧泉)이 있다.

단전은 혈 자리처럼 어느 한 지점을 말하는 것이 아니며, 해부학상으로도 나타나지 않는다. 단전에서 합성되고 조절된 기운은 그물처럼 뻗어 있는 기맥(氣脈)을 통해 전신으로 유통되어 인체 생명 활동을 유지하고 있다. 수련자들이 기 에너지를 느끼는 민감성의 정도에 따라 각기 단전을 다르게 느낀다.

내단전(內丹田) 수련 방법

코를 통해 호흡하고 있으면서도 하단전에 마음을 모으고 호흡한다. 들숨에 감사하고 날숨에 감사한 마음을 담아 하단전에 기(氣)를 축적한다. 하단전 명문혈(命門穴)로 기운이 들고 나는 감각을 가지고 한다. 호흡에 집중함으로써 잡념을 없애고 정신이 맑고 마음이 밝아지면서 중단전을 통한 단중혈(檀中穴)과 상단전을 통한 옥침혈(玉枕穴)로 수승화강이 저절로 이루어진다.

호흡이 고르면 마음이 안정되고, 흥분하거나 놀라면 호흡도 가빠진다. 호흡이 가빠질 때 단전에 의식을 집중하고 숨을 고르게 쉬되, 억지로 참거나 길게 해서는 안 되고 자연스럽게 해야 한다.

호흡의 목적은 진기 발생에 있다. 진기를 만들어 정기(精氣)를 충만하게 하면 육체적 건강뿐만 아니라 기적·영적 성장의 발판이 된다. 이를 통해 자신의 근본을 깨닫게 되는 심신 수련이다.

외단전(外丹田) 수련 방법

첫 번째는 장심(掌心) 수련이다.

양 손가락과 양 손바닥이 자극되도록 두 손뼉을 10번씩 마주치기를 5회 한다. 이 수련 효과는 다음과 같다. 과학자들이 양손과 뇌의 기능이 상호연결되어 작용한다고 밝힌 바 있다.

따라서 손바닥에 있는 장심혈(掌心穴)을 자극하여 생성된 진기(眞氣)를 뇌로 전달한다. 전달된 진기는 뇌 작용으로 인해 충분한 산소와 혈액이 공급되면서 기혈순환이 활발해진다.

두 번째는 용천(湧泉) 수련이다.

양손을 벽에 의지한 후 발뒤꿈치를 천천히 들었다가 내린다. 내릴 때 발뒤꿈치가 땅에 닿지 않도록 하면서 방법을 반복하기를 5분 동안 한다. 이 수련 효과는 다음과 같다.

발바닥에 있는 용천혈(湧泉穴)은 '생명과 기운이 샘물처럼 솟아난다'하여 붙여진 이름이다. 용천혈을 자극해 주면 심장과 신장 기능이 활성화되면서 고혈압과 저혈압 등의 질병이 개선된다.

이런 원리를 바탕으로 수련한다는 것은, 사람이 나아가야 할 방향과 목표를 제시하는 설계도와 같은 것이다. 그런데 원리와 수련만 가지고는 사람의 '영적인 성장'에 도달하지 못한다. 그 이유는 산속에 들어가 혼자 수행을 통해 깨달음을 얻었다 하더라도 이를 현실에서 실현하지 못한다면 허상에 불과한 것이다.

그래서 선조들은 깨달음에 그치지 말고, 세상에 나가서 올바르게 펼치라 했다.

마음이 열린 사람 되자

서양철학에서는 '있으면서도 없는 존재'를 기본적으로 부정한다. 눈으로 볼 수 있는 가시권의 분야만 논하려 한다. 물증을 데이터로 제시할 수 있어야 한다.

이러한 영향으로 역사학에서는 철저한 문헌 고증학적 입장에서 머물러 있어, 과거 사실을 고증하는 수준, 그 이상을 넘어서지 못하고 있다. 이런 실증주의는 인간이 '천지의 변화법칙'에 따라 정신문화를 주도적으로 형성하고 있다는 사실을 외면한다.

선조들은 깨달음을 통해 우주와 내가 하나[宇我一體]라는 자연의 이치를 우리에게 알려주려고 노력했다. 그래서 망념(妄念)으로 채워진 작은 의식을 버리고, 천성(天性)을 되찾으라고 강조했다.

'천지 기운이 내 기운이고 천지 마음이 내 마음'이라는 깨달음을 이룬 상태, 즉 모든 관념에서 벗어나 우주와 일체감을 느끼는 무(無)의 경지에 도달하라는 것이다.

선조들은 우주 자연과 인간 만사(萬事)의 상호 관련성을 바탕으로 한 인과법칙(因果法則)이 있다는 것을 깨닫고, 사람과 지구와 하늘은 자연의 원리와 법칙에 따라 운영되므로 결코 그 궤도를 벗어날 수 없다고 밝혔다.

명심보감(明心寶鑑)에도 '하늘이 상도(常道)를 벗어나면 큰바람이나 폭우가 내리게 되고, 사람이 상도(常道)를 벗어나게 되면 병들거나 죽게 된다'라는 기록이 있다.

중국 사상가 노자(老子)는 자연의 질서에 순응할 것을 강조했다. 그는 '사람은 땅의 질서를 바탕으로 살아가고, 땅은 하늘의 질서에 부응하여 운영된다고 밝혔다.

그런데 사람과 땅의 작용은 유심히 살펴보면 알 수 있겠지만, 하늘[天]·도(道)·자연(自然) 같은 형이상(形而上)의 문제는 쉽게 알 수 있는 사안이 아니다.

그렇다면 우주와 인간을 다스리는 기본원리는 무엇일까? 그것은 균형(均衡)과 조화(調和)다. 균형이란 저울대의 기능과 같다. 저울대의 수평이 무너지면 한쪽으로 쏠린다. 이처럼 균형은 상대적이다.

그렇다고 균형을 이루었다고 해서 끝나지 않는다. 정적(靜的)인 상태에서 동적(動的)인 상태로 이동해야 한다. 균형의 상대를 향한 움직임이 아니라, 새로운 하나로 지향할 때 조화가 생겨난다.

우리가 사는 지구는 자전하면서 태양의 궤도를 따라 공전하며 한 치의 오차도 없이 돌고 있다. 우리가 자연재해라고 부르는 태풍(颱風)이나 해일(海溢)도 자연의 입장으로 보면 균형과 조화를 유지하기 위한 몸부림일 수 있다.

구심점(求心點)이 변할 때 판각(板刻)이 뒤틀리면서 지진(地震)이 일어나고 용암(鎔岩)이 분출하는 것이다. 지구에서 살아야 하는 사람도 지구가 받는 영향을 똑같이 받는다.

인간의 실체(實體)는 어떻게 이루어져 있을까? 인간은 육체(肉體)와 기체(氣體)와 영체(靈體)의 조화 체계로 구성되어있다. 육체는 크게 보이는 질서와 보이지 않는 질서의 결합으로 이루어져 있다.

보이는 질서는 골격·근육·피부를 근본 구조로 하고, 혈관과 신경망을 통해 연결되어 혈액과 산소를 유통하는 체계로 이루어져 있고, 보이지 않는 질서는 경혈과 경락을 통한 기적(氣的) 시스템으로 이뤄졌다.

이런 육체는 내 것일 뿐, 나의 실체는 아니다. 육체는 삶의 가치와 목적을 이루기 위한 영체의 도구일 뿐이다. 육체의 가치는 영혼의 완성을 위한 쓰임에 있고, 정신이 몸을 다스림으로써 의식의 진화가 이루어진다.

육체는 정신작용의 결과물이기 때문에, 육체가 건전하다는 것은 정신이 건전하기 때문이다. 그런데 육체를 참 자아로 알면, 육체 만족에 급급한 삶을 살게 되어 영적 완성과는 멀어지게 된다.

정신을 건전하게 유지하려면 어떻게 해야 할까? 마음을 다스려야 한다. 그런데 마음은 실체가 없어 육체가 없으면 한 치(値)도 움직일 수 없다.

따라서 마음은 생각이라는 처리 과정을 통해 육체를 작용한다. 마음이 지배하는 생각은 뇌(惱)를 통해 화학작용을 일으킨다. 그래서 분노와 적대감이 생기면 심장박동을 빠르게 하고, 불안감에 사로잡히면 식은땀이 흐르고 속이 답답하면서 온몸에 힘이 빠진다.

'마음이 열린 사람·깨우친 사람'은 어떤 상황에도 변하지 않는다.

평온한 마음이 우리를 지켜준다

의학이 발달한 지금도 우리가 두렵다고 생각하는 질병(疾病)을 꼽으라고 하면 암(癌)을 떠올린다. 어떤 암이든 갑자기 오는 것이 아니다. 긴 시간 동안 생활 습관의 결과에 따라 신체의 균형(均衡)이 무너지고 조화(調和)가 깨지면서 암세포가 더욱 활발하게 활동하게 된다. 이 증상의 시작은 먼저 얼굴에 기미, 주근깨, 검버섯이 돋는 것으로 시작한다.

그다음 관절에, 혈압에, 인슐린 분비 기능에 문제가 생기면서 면역력이 떨어지면 암(癌)세포가 뿌리를 내리기 시작한다. 사람들은 모르고 지내다가 어느 날 암 선고를 받고 나서야 당황하게 된다. 암이 그냥 찾아오는 것이 아니다. 우리 몸은 기계와 같아서 마음의 변화에 따라 그대로 신체에 드러나는 것이다. 그런데 우리는 명의(名醫)만을 찾아 나선다. 내 건강을 찾기 위해 남에게 의지하려고만 한다.

한의학에서 인간의 내장 전체를 통틀어 표현할 때 오장육부(五臟六腑)라고 한다. 이 장기(臟器)들의 움직임이 정상적이면 건강한 삶을 산다고 말하게 된다. 그러나 웃음이 지나치면 심장에, 분노가 지나치면 간장에, 생각이 너무 지나치면 비장에, 두려움이 지나치면 신장에, 놀라움이 지나치면 폐장에 이상이 생긴다. 그래서 마음을 가라앉히라고 하는 것이다.

오욕에 사로잡히면 들숨이 길어지고, 억울한 일을 당하면 날숨이 깊어진다. 이렇게 생활환경에 따라 호흡이 달라진다. 그리고 숨을 쉬지 않으면 사람은 죽는다.

호흡(呼吸)은 신경을 쓰지 않아도 저절로 된다. 그런데 왜 호흡 수련을 해야 한다고 할까. 호흡은 입을 다물고 코로만 숨을 쉬는 것이다. 코로만 숨을 쉬되 일정한 시간으로 들숨과 날숨을 반복하는 것이다. 관심을 가지고 일정하게 호흡하는 것이다.

그리고 한번 시작하면 30분 이상 매일 해야 한다. 관심을 가지고 호흡을 하다 보면 정(精)이 먼저 차고, 정(精)이 차면 기(氣)가 흐르고, 기(氣)가 넘치면 신(神)이 열린다고 보는 것이다. 그래서 심기혈정신(心氣血精神)이라는 말이 있는 것이다. 이 수련은 지식으로 되는 것이 아니다. 행(行)을 통해서 그 경지(境地)에 다다라야 한다. 수련을 꾸준히 하다 보면 수승화강(水昇火降)이 이루어진다.

체내에 수기(水氣)는 올리고 화기(火氣)는 내리는 것이다. 사람들이 화를 내면 혈기(血氣)가 역상(逆上)하여 토혈(吐血)이 나타나고, 굴욕(屈辱)을 받으면 정신이 뭉쳐져 심기(心氣)가 흩어진다. 그러나 이 수련을 열심히 하다 보면 입안에 옥로(玉露)라고 하는 침이 생긴다. 이 침은 분심(忿心)을 잠재우는 역할도 하고 스트레스와 응어리졌던 마음을 풀어준다.

마음을 어떻게 다스려야 할까? 자연의 이치를 깨우쳐야 한다. 인간의 도리를 깨우쳐야 한다. 사욕편정(邪慾偏情)을 버리고 더불어 사는 지혜를 깨우쳐야 한다. 깨우침이란 스스로 터득하는 것이다. 스스로 잣대를 만드는 것이다. 마음을 다스리지 않고 몸에만 신경

쓰면 어떻게 될까? 몸은 거짓말을 하지 않지만, 마음은 거짓말을 한다. 그래서 목적지 잃은 항해나 다름없다. 그래서 심신 수련이라는 말이 있는 것이다.

우주의 기운을 우리가 어떻게 받아들이냐에 따라서 결과가 달라진다는 것이다.

인간들이 의식하지 않고 받아들이는 경우는 영양물질 역할만 하고 말지만, 깊은 명상 상태에서 받아들이면 백회(百會)가 안테나 역할을 하는데, 이때 뇌에 내장되어 있던 전기적 주파수가 프로트악티늄 주파수와 접촉하면서 공진현상을 일으키며 수행자의 몸으로 빨려 들어와 사리의 주요성분이 된다는 것이다.

호흡 수련은 자연스러움이 가장 중요하다. 호흡이 느리고 고르면 마음이 안정되지만, 호흡이 가쁘고 거칠면 불안하고 예민해진다. 신경이 예민해질 때 호흡을 무심한 상태에서 자연스럽게 유지하면 몸이 이완되고 잡념이 사라진다. 몸의 긴장을 풀고 마음을 안정시키면서 날숨과 들숨, 그 본질을 바라보는 것이다. 가장 쉬우면서도 가장 어려운 수행법이다.

경신수련(庚申修練) 왜 해야 할까?

태초의 사람들은 변화무쌍한 환경에서 어떻게 살아야 할지를 생각하게 되었을 것이다. 이러한 과정을 거치면서 인간이 소우주(小宇宙)라는 것을 깨닫고, 자연이 스스로 균형과 조화를 이루어내듯이, 사람도 몸과 마음을 다스려 균형과 조화를 이루어내야 한다고 생각하게 되었다. 여러 방법 가운데 하나가 선도(仙道)이다.

선도(仙道)에서 도(道)란 자연의 다른 말이다. 선(仙)이란 글자를 파자해 보면 '人+山'이다. 사람과 자연이 하나가 되는 방법을 알려주고 있다. 자연의 모습에서 인간이 실천해야 할 덕목을 삼륜구서(三倫九誓)로 제시하였고, 실천 방법으로 육경신(六庚申) 수련 방법을 제시하였다.

삼륜(三倫)은 인간의 마음이 작용하는 원리를 설명한 것으로 그 "하나는 애정(愛情)이요. 둘은 예절(禮節)이요. 셋은 도리(道理)"이다. 구서(九誓)는 사람이 할 도리를 설명한 것으로 그 "첫째는 가정에서 효도(孝道)에 힘써라. 둘째는 형제간 우애(友愛)에 힘써라. 셋째는 스승과 벗에게 신의(信義)를 다하라. 넷째는 나라에 충성(忠誠)을 다하라. 다섯째는 아랫사람에게 겸손(謙遜)을 다하라. 여섯째는 너희는 정사(政事)를 밝게 알라. 일곱째는 전쟁터에서 용감(勇敢)하라. 여덟째는 자신을 청렴(淸廉)하게 하라. 아홉째는 직무(職務)에 의리를 지켜라"이다.

경신일은 10 천간(天干)과 12 지지(地支)가 한 번씩 만나면서 60 갑자(甲子)를 이루는데 57번째로 든다.

'경(庚)'자(字)는 10 천간에서 7번째에 든다. 천간 중에서 '경'자 (字)만이 만물이 하강한다는 뜻을 포함한다. 옛 글자를 보면 열매가 익어 나뭇가지가 아래로 처진 모습을 하고 있다.

'신(申)'자는 12 지지에서 9번째에 든다. '신' 자는 12 지지 가운데 유일하게 '경'자의 진리와 정신을 계승하고 있다. 옛 글자를 보면 가을에 기온이 냉해지면서 중량이 생겨 하강하는 형상이다.

경신일은 경신 전날인 기미일(己未日)이 지나는 순간부터 경신 다음 날인 신유일(辛酉日)이 되는 순간까지이다. 이날 24시간 한순간도 잠을 자지 않고 하는 철야 수련을 경신 수련이라고 한다.

그런데 여기서 유의해야 할 점은 우리나라가 일본 동경을 기준으로 하는 시간을 사용하고 있기 때문에 동경보다 30분 늦다. 그래서 우리나라 자정(子正)은 '12시 30분'이어야 한다는 것이다.

6 경신(六庚申)이란 경신일이 일 년에 여섯 번 든다고 해서 육경신이라고 했다. 첫 번째 경신일은 동쪽의 기운[木]이, 두 번째 경신일은 남쪽의 기운[火]이, 세 번째 경신일은 서쪽의 기운[金]이, 네 번째 경신일은 북쪽의 기운[水]이, 다섯 번째 경신일은 중앙의 기운[土]이, 여섯 번째 경신일은 모든 기운이 쏟아져 내려온다. 이 기운을 온전히 받기 위해서 24시간 깨어있는 수련이다.

첫 번째 경신일은 오행(五行) 중에 목(木)의 기운으로 사람의 간장과 담낭을, 두 번째 경신일은 오행(五行) 중에 화(火)의 기운으로 사람의 심장과 소장을, 세 번째 경신일은 오행(五行) 중에 금(金)의 기운으로 사람의 폐장과 대장을, 네 번째 경신일은 오행 중에 수(水)의 기운으로 신장과 방광을, 다섯 번째 경신일은 오행(五行) 중에 중앙[土]의 기운으로 비장과 위장을, 여섯 번째 경신일은 오행(五行)의 모든 기운이 사람의 오장육부(五臟六腑)를 좋아지게 한다.

선도(仙道)의 핵심은 심신(心身)의 조화점을 찾아가는 수련이다. 마음은 시공(時空)을 초월해 이어지고 있다. 그런데 마음은 몸이 없으면 아무것도 할 수 없다. 그래서 몸이 살아 숨 쉬어야 한다. 숨이 멈추지 않게 하려면 어떻게 해야 할까. 의식적으로 호흡해야 한다.

호흡은 길게 오래 숨 쉬는 것이 중요한 것이 아니다. 호흡에 의식하면서 숨을 들이마신 만큼 내쉬고, 내쉰 만큼 들이마시는 방법을 일정하게 반복하는 것이 중요하다.

그리고 스트레칭 체조를 통해 몸을 유연하게 만들어주어야 한다. 동시에 마음을 다스려야 한다. 분심(憤心)을 버리고 잡념(雜念)을 버리고 욕심(慾心)을 버리고 의식(意識)을 버려야 한다.

마음 수련이란 인간의 도리에 어긋나지 않고 자연의 이치를 거스르지 않고 어떤 협약에도 어긋남 없는 행동을 해야 한다. 그래서 선조들은 심신의 조화를 강조한 것이다.

V장

올바른 도움을 주는
사람이 되자

한민족의 인간 구원 정신

사람들이 느끼는 '생사(生死)'는 변화무쌍한 우주 현상의 하나일 뿐이다. 꽃들이 피고 지는 과정을 반복하듯이, 수많은 생명체가 세상에 나와 성장하고 죽지만, 죽음 자체로 '생명이 끝났다'라고 볼 수 없다. 사람이 '죽었다'라고 할 때 그 의미는 육체의 죽음을 말하는 것이다.

선조들은 이 생명체를 '몸에 대한 생명'과 '영혼에 대한 생명'으로 구분하여 설명하였다. 그런데 우리는 육체가 자신이라고 생각하고, 심장의 박동이 멈추는 순간 '생명은 끝났다'라고 보아왔지만, 이러한 생각은 몸에 대한 생명일 뿐 영혼에 대한 생명을 생각하지 못한 견해이다.

인간은 육체(肉體)와 기체(氣體)와 영체(靈體)로 이루어져 있다.

육체는 머리에서 손과 발까지 거기에 딸린 모든 것이라고 한다. 육체는 크게 보이는 질서와 보이지 않는 질서의 결합으로 이루어져 있다. 보이는 질서는 '골격·근육·피부'를 근본 구조로 하고, 혈관과 신경망들을 통해 연결되는 혈액과 산소를 유통하는 체계로 이루고 있다. 보이지 않는 질서는 경혈과 경락을 통한 기적(氣的) 시스템으로 기운과 정서적 정보가 유통되는 체계로 이루어져 있다.

선조들은 육체의 가치는 영혼의 완성을 위한 쓰임에 있다며, 삶의 가치와 목적을 이루기 위한 영체의 도구라고 밝혔다. 육체는 이러한 과정 안에서 태어나서 완성을 향해 가는 존재라는 것이다.

엄격히 말해 육체는 내 것일 뿐, 나의 실체는 아니다. 그래서 우리가 육체를 참 자아로 알면, 육체의 만족에 급급한 삶을 살게 되며, 영적 완성과는 거리가 멀어진다는 것이다.

기체(氣體)는 일정한 모양과 부피를 갖지 않는 에너지로 정신적인 마음과 물질적인 몸 사이를 연결해 주는 역할을 한다. 이런 기(氣)는 빛이고 소리이며 파장이다.

기(氣)는 끊임없는 흐름 속에서 뭉쳤다 흩어지며 모든 존재의 생명현상을 빚어낸다. 기(氣)는 호흡을 통해 전달되지만 한 장소에 머물러 있으려 하지 않는다. 시작도 끝도 없이 변화되고 이동할 뿐 소멸하지는 않는다.

이런 기체는 여러 가지 감정이나 스트레스에 쌓일 때, 육체나 영체보다 민감하게 반응한다. 과학적인 데이터로 표현하면 의식 수준 310 이하의 감정 상태에서는 기체가 작아지고 오그라든다. 의식 수준 310 이상을 유지하게 되면 건강한 황금빛 기체가 형성되며 마음이 안정되고 평화로워진다. 의식 수준 500 이상을 유지하게 되면 참 자아와 대화하고 응답받을 수 있게 된다.

영체(靈體)는 본성(本性)에서 발현되었다. 인간의 육체로 들어온 영체는 오감으로 감지되지 않는 정보의 영역이다. 이 정보의 존재는 볼 수도 만질 수도 느낄 수도 없다. 이 정보는 실체의 표면에 생기는 물결이다.

정보를 물리적으로 표현하면 무한의 에너지를 생산해 낼 수 있는 양자진공이고, 수학적으로 표현하면 무한대[∞]를 담을 수 있는 제로[0]이고, 체험적 인식을 바탕으로 표현하면 '천지 마음'이다.

스스로 영체를 완성에 이르도록 하는 것이 삶의 목적이다. 그런데 마음이 허(虛)하면 잡령(雜靈)이 들어와 정신을 혼란스럽게 하여, 탁하고 부정적인 기운이 생기면서 여러 가지 병을 일으킨다. 이때 기(氣)를 이용해서 탁한 기운을 뽑아낼 수 있지만, 영(靈)이 기(氣)를 지배하고 있어 기처리만으로 치유한다는 것은 한계가 있다.

우리가 생(生)의 목적을 무엇에 두느냐에 따라 삶의 가치가 결정된다. '삶의 존재가치·인간의 가치'에서 인간의 존엄성이 나오고, 인간의 존엄성에서 철학이 나오고, 여기서부터 바른 인간관계가 나온다. 인간완성은 혼자만의 노력으로 불가능하며, 개인 완성과 함께 전체 완성을 통해 이루어질 수 있게 되어있다.

어떤 일이든 건성으로 해서는 안 된다. 절실함이 필요하다. 환자가 의사로부터 같은 소견을 듣고 같은 약을 먹더라도 절실한 마음을 지닌 사람은 치료 효과를 빨리 얻게 된다. 절실한 사람이 열심히 하기 때문이다. 절실한 마음이 없는 사람은 보석을 손에다 쥐여 줘도 그것이 보석인 줄 모르기 때문이다.

사람에 대한 가르침

인체 환경 변화 연구 결과가 1992년 발표되었다. 현대 과학자들은 1938년생에 비해 1990년생에게는 정자 수가 절반으로 줄었다는 연구 결과를 발표했다. 연구의 결과는 음식물과 공장폐수와 화학 제품을 무절제하게 사용한 환경 호르몬이 인체에 스며들어 생식기관, 신장, 뇌하수체 등에 영향을 미쳤다는 것이다.

이러한 원인은 음식에서 찾을 수 있다. 젊은이들이 편리함만을 선호하다 보니 캔 음료 같은 가공식품을 찾게 되는 분위기이다. 가공식품을 만들 때 장기 보관하기 위해서 또 좋은 빛깔을 내기 위해서 화학 물질을 넣는 경우가 있다. 특히 라면에는 나트륨이 1개당 1,800~1,900mg 정도로 매우 높은 편이다.

그리고 주거환경에서 찾을 수 있다. 선조들이 집을 지을 때 흙과 나무를 사용했다. 흙은 지구의 표면을 덮고 있는 바위가 부스러져 생긴 무기물과 동식물에서 생긴 유기물이 섞여 만들어진 활기(活氣)를, 나무는 잎과 줄기를 통해 하늘과 땅에서 얻은 생기(生氣)를 우리에게 준다.

현대의학에서는 사람은 영혼과 육체로 구성되었다는 가설에 따라 연구 과정의 데이터가 쌓이고 있다. 여기에서 윤리적인 문제로 인간을 실험 대상으로 할 수 없다는 점이다. 그래서 과학이 생명의 경계에 점점 다가가고 있는 만큼 윤리적 차원의 규제를 논의해야 할 때가 되었다는 주장이 나오고 있다.

미국 캘리포니아 공대·영국 케임브리지 대학교수의 연구진은 2023년 국제 줄기세포 연구학회에 배아줄기세포의 재프로그래밍으로 인간 배아와 같은 모델을 만들어 낼 수 있다며, 연구진은 합성 인간 배아가 자연 배아의 14일에 해당하는 발달단계를 약간 넘어서는 정도라고 밝혔다.

인간을 실험대상으로 할 수 없던 상황에서 2022년 미국 첨단 '노화신경과학회지'에 특이한 표준 사례를 발표한 바 있다. 연구팀은 심장박동이 멈춘 이후에도 30초간 뇌파 전달이 이어졌다고 밝히면서, 30초간 뇌파가 전달된 점에 대한 이해를 위해 더 많은 연구가 필요하다고 밝혔다.

인간의 출생과 죽음을 눈으로 볼 수 있는 보통 광선이라고 한다면, 영혼은 가시광선·자외선·적외선 따위를 분광기(分光器)로 분해하였을 때, 파장에 따라 배열되는 성분으로 비유할 수 있다. 단, 인간의 연구로 그 존재가 입증되었고, 인간 존재 안에 있는 영혼의 역할을 뇌가 수행하는 것으로 밝혀진 바 있다.

사람들은 누구나 건강하게 태어나서 병들지 않고 행복하게 살다가 숨거두기를 희망한다. 그런데 사람들은 자연환경에 대해서는 잘 이해하면서도, 자신의 인체 환경이 좋은지 나쁜지는 생각하지도 않는다. 선조들은 자신이라는 존재의 소중함을 인식하고, 상대라는 존재와의 관계를 잘 유지하라며 삼륜(三倫) 사상을 폈다.

첫 번째, 일왈애(一曰愛)이다.
나를 존재케 한 자연·나를 낳아주신 부모·나를 키워주는 공기·물·곡식이 나에게 조건 없는 사랑을 주었다. 나를 존재케 하는 그 사랑의 원천을 알고, 그 사랑에 대한 고마움을 나눌 수 있어야 한다.

두 번째, 이왈예(二曰禮)이다.
사람은 사회적 동물이기에 모여서 산다. 가깝게는 부모·형제 자매·친척이 있다. 다음으로 스승·친구 등 사회구성원이 있다. 사람은 모여 살기 때문에 약속과 규약, 그리고 예절이 필요하다.

세 번째, 삼왈도(三曰道)이다.
도(道)는 자연에서 온다. 따라서 인간은 자연의 이치(理致)를 떠나서 존재할 수 없다. 어떻게 하면 자연과 하나 될 수 있나? 마음을 비우고 널리 이롭게 하려는 지혜를 배워 이웃과 조화(調和)를 이루어야 한다.

사람들은 도리(道理)를 다하지 않고 진리(眞理)만 찾으려고 한다. 땀 흘리지 않고 과실만 따겠다는 마음보를 쓰기 때문에 허망한 결과를 얻게 된다. 그런데 인간의 도리(道理)를 다하게 되면 이런 자연의 가르침을 스스로 깨닫게 된다는 것이다.

대한민국무공수훈자회, 美 해병대 1사단을 찾다

미 제1해병사단(1st Marine Divison)은 9·15 인천상륙작전과 9·28 서울수복 작전에 참전했다. 그리고 함경도 개마고원 입구 황초령(黃草嶺) 인근과 장진호(長津湖) 유역에서 벌어진 전투에서 중공군 예하 7개 사단과 2주간 전개된 인해전술에 밀려 포위망을 뚫고 함흥까지 철수하는 용맹을 보였다.

우리가 방문한 미 제1해병사단(1st Marine Divison)은 샌디에이고 카운티 캘리포니아주 남부 해안에 주둔하고 있다. 미국에서 가장 큰 해병대 기지[125,000에이커]이면서, 캠프 펜들턴(Camp Pendleton)으로 명명(命名)된 계기는 이러하다.

제2차 세계대전에 참전할 미 해병대원들을 훈련시키기 위해 1942년 훈련소가 만들어졌다. 1944년 10월에는 영구 시설로 선언되었고, 1946년에는 제1해병사단 본부가 주둔하게 되었다. 당시 조지프 헨리 펜들턴 소장이 오랫동안 서해안에 해병대를 위한 훈련기지 필요성을 강조하였던 이유로 해병대 1사단 본부 주둔 지역을 캠프 펜들턴(Camp Pendleton)이라고 하였다고 한다.

해병대 1사단 본부 앞 게양대(揭揚臺)에는 매일 조기(弔旗)를 게양하고 있었다.

미 해병대 1사단이 1942년 창설된 이후 여러 나라 전투에 투입되었다. 이때 전투 작전 중에 전사자를 수습하지 못하는 상황이 발생하자, 그 전사자 유골을 찾을 때까지 전사자를 잊지 않기 위해 조기를 게양하고 있다고 한다.

본부 건물 왼쪽에는 조그만 탑을 만들어 전투 중에 전사한 전사자의 군번줄이 전시되어 있었다. 군번줄 전시가 사소한 일인 것 같지만, 하나뿐인 소중한 생명을 국가를 위해 희생했고, 국가나 국민은 숭고한 희생에 경의를 표현하고 있었다.

장진호 전투 참전용사에게 위로 및 감사 기념품을 전달하였다.

장진호 전투에 참여한 전우들이 대부분 샌디에이고 주변에 거주하고 있었다. 참전용사들을 초청하여 오찬과 함께 지금의 대한민국이 존재하는 이유는 여러분의 덕분이라는 인사와 함께 기념품 홍삼을 전달하였다.

마라마 국립묘지(Miramar National Cemetery)는 2010년 캘리포니아주 샌디에이고에 개원하였다. 많은 조형물과 기념공간 중에 6·25전쟁 기념관이 있고, 장진호 전투 기념비도 있었다. 헌화와 함께 추모(追慕)의 뜻을 전했다.

어떤 어려움 속에서도 한민족의 정신은 살아 있었다.

캘리포니아주 리들리 시티(Reedley City)에 있는 한인 이민 역사 기념 마을 및 축소형 독립문이 있는 곳을 방문하였다. 이곳은 한인의 첫 이민 정착지이자 해외 독립자금 조성의 중심지였던 역사적으로 중요한 곳이었다.

통영 출신 김형순은 1903년 하와이 한국 이민 통역관으로 이민 갔다가 1916년에 리들리(Reedley)에 정착하면서 김호 선생과 함께 김형제 상회를 공동 설립하여 최초로 털 없는 복숭아를 생산하여 큰돈을 벌게 되자, 한인들이 김형제 상회에 취업하면서 한인타운이 형성되었고, 수익금은 독립자금으로 사용하였다고 한다.

이 독립문 앞 작은 광장에는 조국을 위해 미국에서 독립운동을 했던 '안창호·이승만·윤병구·이재수·김종림·김호·한시대·김형순·송철·김용중' 등 10명의 애국지사 기념비가 양쪽으로 있다.

중가주[Central California] 한인 역사연구회가 국가 보훈처, 통영시, Reedley city 후원을 받아 한인 이민 역사 보존과 미국의 다인종 다문화 단합 및 독립정신을 위해 헌정한다고 기록하고 있다.

조국의 도움을 받을 수 없는 상황에서도, 먼 타국땅에서 공동체 활동을 하여 한인 마을이 형성될 수 있도록 하면서, 생활의 어려움 속에서 독립자금으로 사용하는 그 마음은 후손들에게 조국의 품에 안겨주고 싶어서였을 것이다.

미 해병대 1사단 본부 앞 게양대(揭揚臺)에는 유골을 수습하지 못한 전사자들을 위해 조기(弔旗)를 매일 게양하고 있듯이, 우리도 미국에서 독립운동을 했던 더 많은 애국지사를 위해 그들의 유물과 기록을 찾아서 담아두어야 한다고 본다.

국군의날 시가행진에 동참하다

이번 국군의날 행사 주제는 "강한 국군·튼튼한 안보·힘에 의한 평화"이다. 평화는 그냥 오는 것이 아니다. 힘이 있을 때 지켜지는 것이다. 국민의 생명을 지키기 위해 군이 할 수 있는 역량이 담겨있는 것으로 보였다.

국방부는 2023년 9월 26일(화) 09:00부터 12:00까지 성남 서울공항에서 기념행사를, 16:00부터 17:00까지 숭례문에서 광화문까지 시가행진을 개최했다. 시가행진은 문재인 정부 때 취소하면서 2013년 이후 10년 만에 처음으로 진행되었다.

이런 뜻깊은 시가행진이 진행된 것에 감사하며, 우리 대한민국 무공수훈자회 서울지부 회원들도 무공수훈자회 정장과 모자를 착용하고, 장병들의 시가행진 뒤를 이어 시민과 함께 참여했다. 대한민국을 지켜내는 데 기여할 것을 다짐하였다.

국군의날 행사에서 보여준 후배 장병들의 노고(勞苦), 고맙고 고마웠다.

우리 회원들은 기념식을 보고 시가행진에 직접 참여하면서, 모두가 지난 과거의 경험에서 벗어나 새로운 세계를 보는 듯했다. 말로만 들었던 국군의 발전된 장비들을 눈으로 직접 보면서, 세계 최고의 과학화된 군 장비들을 확인하면서 가슴이 뛰었다.

윤석열 대통령은 기념사에서 "북한이 핵을 사용할 경우, 한미동맹의 압도적 대응을 통해 북한 정권을 종식시키겠다"라며, 드론 작전사령부의 정찰 감시 드론과 타격 드론의 모습도 공개했다.

우리에게는 북한이 도발을 감행하게 되면, 대응할 수 있는 3축 체계[킬체인, 한국형 미사일방어체계, 대량 응징 보복]가 갖추어져 있다며, 북한이 함부로 공격할 수 없도록 하는 결정적인 억제 수단이 있다는 것이다.

그리고 미8군 전투부대원 300여 명 병력이 국군의날 시가행진 행사에 직접 참여한 것은 한·미 동맹이 굳건하다는 것을 인식시켜 준 사례이며, 이번 국군의날 행사의 특징이었다고 볼 수 있다.

윤석열 대통령은 시가행진이 열린 26일 서울 광화문 광장 관람 무대에서 수천 명의 군 병력이 비를 맞으며 행진하는 장병들에게 엄지손가락을 들어 보이며, 시가행진 참여 장병들을 격려하였다.

현직 대통령이 국군의날 기념행사에는 참여하였지만, 시가행진에 직접 참여한 것 또한 이번이 처음이었고, 그리고 전 행사 시간 동안 장병들과 함께 비를 맞으며 행사를 진행한 과정을 함께 하셨다.

윤석열 대통령이 북한에 대해 강경한 자세를 보일 수 있었던 힘은 북한의 공격을 저지할 수 있는 능력과 굳건한 한미동맹이라는 버팀목이 있기 때문일 것이다. 이와 함께 장병들이 결속을 다질 수 있도록 격려하는 모습에 더욱 든든했다.

일반 국민, 국군 장병, 초청 인사 등과 함께 세종대왕상 앞에서 '국민과 함께하는 행진'을 지켜보고 있던 윤석열 대통령은 국군에 대한 무궁한 신뢰를 보내면서, 국민께 국군에 대한 전폭적인 관심과 지지를 당부하였다.

우리 회원 모두는 현역 시절 대한민국의 안보 최전선에서 싸운 것에 긍지와 자부심을 다시 한번 가슴에 새겼다. 그리고 앞으로도 조국 수호와 번영의 길에 일편단심으로 주저 없이 나설 것을 다짐했다.

삶의 목적과 가치를 깨닫고 굳게 믿는 마음을 심력(心力)이라고 한다. 심력은 깨달음을 통해서 얻게 되는 마음의 힘으로, 삶의 목적과 가치를 깨닫고 확신함으로써 나온다. 수많은 정보에 휘둘리지 않고, 원리를 중심 삼은 지혜의 힘으로 많은 정보를 걸러냈을 때 흔들리지 않게 된다.

대한민국무공수훈자회,
제73주년 장진호 전투 기념행사 개최

  제73주년 장진호 전투 기념행사가 대한민국무공수훈자회[회장 김정규] 주관으로 전국 시·도 지부 회원들과 함께 2023년 10월 12일 14:30분부터 1시간 30분 동안 전쟁기념관 평화광장에서 거행되었다.

  이 행사는 대한민국을 위해 장진호 전투에서 전사한 영웅들의 숭고한 희생정신을 추모하면서, 굳건한 한·미동맹을 뒷받침하고, 미래 세대들에게 안보 의식을 고취하기 위해 개최하고 있다.

  본 행사에는 윤석열 대통령이 현직으로서 처음 참석했다. 신원식 국방부 장관, 박민식 보훈부 장관 등 정부 주요 인사와 필립 골드 버그(Philip S. Goldberg) 주한미국대사, 한미 해병대 장병, 무공수훈자회 회원 등 2,600여 명이 참석한 가운데 '고귀한 희생·굳건한 동맹'이라는 주제로 진행되었다.

  윤석열 대통령은 전쟁기념관 내 장진호 전투 과정에서 전사자명비에 헌화·참배한 후에 6·25 참전용사 김응선 옹(102세)·유엔군 참전용사 켄림 힌쇼 모이 옹(92세, Kenlim Hinshaw Moy)과 함께 행사장에 입장하였다.

  대통령은 기념사에서 "대한민국 정부와 국민은 장진호 전투 영웅들의 고귀한 희생을 결코 잊어서는 안 된다"라고 강조하며, "정부는 굳건한 한미동맹을 바탕으로 노골화되고 있는 북한의 도발과

핵미사일 위협에 단호히 대응할 것"이라고 밝혔다.

장진호 전투에서 전사한 고(故) 김동성 일병의 증손자 김하랑(공군 병장)이 참석해 국기에 대한 맹세문을 낭독했다. 이어 김정규 대한민국무공수훈자회장의 인사말에 이어, 필립 골드 버그 대사는 미국 정부를 대표해 추념사를 낭독했다.

장진호 전투에서 전사한 고(故) 김석주 일병의 증손녀 김혜수 육군 중위(제32사 간호장교)는 할아버지께 드리는 글을 통해 "할아버지가 목숨으로 다진 한미동맹과 우리의 국토방위를 위해 군인으로서 확고한 대적관(對敵觀)을 갖추고 장진호 영웅들이 그랬던 것처럼, 목숨을 바쳐 조국을 지키겠다"고 다짐했다.

장진호 전투 영웅들을 기억하자!

장진호 전투는 6·25전쟁 중이던 1950년 11월 27일부터 12월 11일까지 함경도 장진호 부근에서 중공군 7개 사단에 포위된 미 해병 1사단과 미 육군 7사단 2개 대대, 영국 해병 제41 코만도 부대, 미군에 배속된 국군 카투사 장병과 경찰들이 중공군의 인해전술을 뚫고 함흥까지 철수하는 작전이었다.

이 전투에서 유엔군은 1만 7,000여 명의 사상자[전투 요원 사상자는 1만 500여 명/비전투 요원 사상자는 7,300여 명]가 발생했고, 중공군은 4만 8,000여 명의 사상자[전투 요원 1만 9,200여 명 · 비전투 요원 2만 8,900여 명]를 냈다.

영하 40도에 육박하는 혹한 속에서도 미 해병 1사단이 주축이 되어 중공군의 남하를 지연시켰고, 중공군이 함흥으로의 진입을 지연시켰다. 이로 인해 함흥 항에서 10여만 명의 피난민을 태우고 남쪽으로 무사히 철수할 수 있었던 성공적인 작전이다.

대한민국무공수훈자회 김정규 회장은 오늘날 경제성장과 자유민주주의를 발전시킬 수 있었던 힘은 "장진호 전투를 비롯한 수많은 전투에서 보여준 참전용사들의 숭고한 희생이 있었기에 가능했다"라며, 한미동맹을 더욱 굳건히 할 수 있도록 최선을 다하겠다는 의지를 피력했다.

지난 5월 16일에는 미국을 방문하여 장진호 전투에 참여한 장병들이 샌디에이고 주변에 거주하고 있어, 참전용사들을 초청하여 오찬과 함께 "지금의 대한민국이 존재하는 이유는 여러분의 덕분"이라는 인사와 함께 기념품을 전달한 바 있다.

지난 10월 5일에는 전쟁기념관 홀에서 제4회 장진호 전투 전사연구 심포지엄을 개최하였다. 이상훈 해병대전략연구소장은 '장진호 전투와 흥남 철수'라는 주제로, 이숙영 해병 중령은 '한미일 정상회담의 내용과 의미'라는 주제로 발표했다.

특히 이번 심포지엄에서는 우리나라 미래를 책임지는 젊은 대학생 30여 명이 참여하여 신·구세대가 함께하여 뜻깊은 의미를 되새겼으며, 젊은 세대들이 확고한 국가관과 안보 의식을 확립할 수 있는 계기가 되었다.

6·25전쟁 74주년…
"장진호 전투"를 마음에 새기다

한국전쟁은 북한군이 1950년 6월 25일 새벽에 삼팔선(三八線) 전역에 걸쳐 불법 남침함으로써 일어난 전쟁이다. 당시 막강한 군사력을 갖춘 북한군이 통일을 명분으로 전면적인 남침을 시작하여 일어난 전쟁이다.

유엔의 결의에 따른 국제사회의 개입으로 역전되던 전황은 다시 중공군의 개입으로 교착상태에 머물다가 1953년 7월 27일 휴전협정이 이루어지면서 전쟁이 중지되었다. 이 전쟁에서 대한민국은 큰 손실을 당해야만 했다.

미군은 어려움 속에서도 인도주의 정신을 구현한 전투 기록을 남겼다.

미 해병 1사단 장병들은 함경남도 장진호 일대에서 미군에 배속된 카투사·한국 경찰·재일 학도의용군 등의 젊은 용사들과 함께 영하 40도의 혹독한 추위를 견디며 중공군의 포위를 무력화시켜 중공군의 남하를 지연시켰다.

미 해병 참전용사들은 10배가 넘는 중공군의 포위망으로 보급이 원활하지 않아 굶주림과 영하 40도의 추위로 캔 속에 얼어붙은 콩을 입안에 넣어 녹여 먹었고, 죽은 전우를 묻을 때 불도저로 땅을 파야만 할 정도의 추위였다.

그리고 추위에 총기가 작동하지 않아 가슴에 품고 있다가 사격해야 했고, 차가운 장비를 만졌을 때 손이 달라붙어서 살점이 떨어지는 고통을 이겨내야 했고, 군의관이 얼은 주사액을 입안에 넣어 녹여서 주사했다는 전투 기록이 있다.

그 결과 유엔군 10만 명과 북한 피난민 10만 명 등 20만 명을 흥남부두에서 남한으로 안전하게 철수시켰다. 그래서 이 전투는 6·25전쟁에서 가장 치열한 전투였지만 가장 인도주의 정신을 구현한 전투로 세계사에 길이 빛날 전투이기도 하다.

대한민국무공수훈자회 회원들은 '장진호 전투'를 마음에 새겨두고 있다.

대한민국무공수훈자회 김정규 회장은 "전쟁이 얼마나 고통스러운지를 알기 때문에, 대한민국이라는 낯선 나라의 자유를 지키기 위해 희생하신 미 해병 참전용사들의 아픔을 잊지 않고 기억하는 것이 도리라고 생각한다"라고 힘주어 말했다.

이어서 "국가수호유공자 단체인 대한민국무공수훈자회에서는 아직 생존해 계시는 참전용사들에게는 감사한 마음을 전하고, 전사자들을 위한 추모 행사를 진행하고 있다"라며, "이를 통해 한미 관계가 더욱 강화되었으면 하는 마음"이라고 밝혔다.

끝까지 책임지려는 마음으로 활동하려고 노력해야…

김정규 회장은 "튀르키예(Turkiye) 공화국이 6·25전쟁 때 미국·영국·캐나다 다음으로 14,900여 명의 병력을 지원했으며, 참전용사들의 숭고한 희생 덕분에 우리나라가 자유와 평화 그리고 민주주의를 지킬 수 있었다"라면서 "튀르키예 공화국이 2023년 대지진으로 어려움을 당했을 때, 대한민국무공수훈자회원들이 십시일반 모은 성금 9천만 원으로 이재민을 위한 컨테이너 지원 및 6·25전쟁 참전용사들을 위해 후원하게 되었다"고 회고했다.

김정규 회장은 6월 24일 YTN 라디오 생방송을 통해 "국가유공자의 마지막 길을 함께 하겠다는 의지로 2013년부터 국가유공자 장례의전을 위해 전국 17개 지부에 서 900여 명의 선양 위원이 활동하고 있다"라면서

"희생과 헌신으로 대한민국을 지켜 온 국가유공자들이 있었기에 오늘날처럼 자유롭고 평화롭게 지낼 수 있게 되었다"고 강조하면서, 이와 함께 "이들의 명예가 더욱 고양될 수 있도록 국민 여러분의 관심과 성원을 당부드린다"라고 덧붙였다.

유사시 참전(參戰)하려면 내가 건강해야…

대한민국무공수훈자회 서울지부(지부장 정진성)에서는 호국보훈의 달을 맞아 서울지부 대의원과 유족회 지회장들이 참여한 가운데 1박 2일 일정으로 고성통일전망대와 6·25전쟁 체험전시관을 답사하는 행사를 진행했다.

7월 10일 아침까지만 해도 비가 올 듯하던 날씨는 고성통일전망대에 도착하니 맑은 하늘이 되었다. 창문 밖으로 비취는 전경의 첫 느낌은 금강산 끝자락 구선봉(九仙峰)의 기운이 감호(甘湖)와 백사장과 해금강을 아우르며 어우러진 모습, 선인과 선녀가 놀았다는 상상과 함께 감탄사가 절로 나왔다.

또 다른 한편으로는 6·25전쟁 당시 1951년 7월 15일부터 1953년 7월 18일까지 약 2년간 459고지·208고지·351고지에서 한국군과 북괴군의 공방전이 반복되다가 1953년 7월 27일 휴전협정이 될 때까지 전투가 이어지며 수많은 순직자가 발생하였다. 이런 아픔을 상상하니 가슴 아린 한숨이 몰려왔다.

대한민국무공수훈자회에서는 유사시 모두가 전투에 임하겠다는 의지를 다졌다. 그러나 우리가 이런 마음을 품었다고 하더라도, 건강하지 못하면 실전(實戰)에 임할 수 없다. 전투에 참여하려면 몸이 건강해야 한다. 건강한 몸을 유지하려면 우선 몸의 주위 환경을 알아야 한다.

과학자들이 학술적으로 밝힌 내용을 살펴보고자 한다.

과학자들이 대기권에서 지구로 무수한 에너지 덩어리가 떨어지고 있다는 사실을 확인하였으나, 백금(Pa) 성분은 '의식하지 않는 인간과 동물과 생물'에게서는 발견되지 않았다. 그러면 어떤 인간에게만 사리가 만들어지는 것일까?

그렇다. 선도 수련자들이 깊은 명상에 들면 몸에 있던 기운(氣運)이 전기적 주파수를 발생하여 백금(Pa) 주파수와 접촉하면서 공진현상을 일으키며 수련자의 몸에 들어와 뭉치면서 사리의 주요성분이 되고, 당사자가 의식하지 않고 있으면 코로 흡입된 '백금(Pa)'은 영양물질 역할만 한다고 보고 있다.

<u>스스로 할 수 있는 효과적인 수련 방법을 제시하고자 한다.</u>

첫 번째는 호흡 수련이다.

코를 통해 호흡하고 있으면서도 하단전에 마음을 모으고 호흡한다. 들숨에 감사하고 날숨에 감사한 마음을 담아 하단전에 기(氣)를 축적한다. 하단전 명문혈(命門穴)로 기운이 들고 나는 감각을 가지고 한다. 호흡에 집중하여 잡념을 없애고 정신이 맑고 밝아지면서 수승화강이 저절로 이루어지게 된다.

두 번째는 장심(掌心) 수련이다.

양 손가락과 양 손바닥이 자극되도록 두 손뼉을 10번씩 마주치기를 5회 한다. 이 수련 효과는 다음과 같다. 과학자들이 양손과 뇌의 기능이 상호연결되어 작용한다고 밝힌 바 있다. 따라서 손바닥에 있는 장심혈(掌心穴)을 자극하여 생성된 진기(眞氣)를 뇌로 전달한다. 전달된 진기는 뇌 작용으로 인해 충분한 산소와 혈액이 공급되면서 기혈 순환이 활발해진다.

세 번째는 용천(湧泉) 수련이다.

양손을 벽에 의지한 후 발뒤꿈치를 천천히 들었다가 내린다. 내릴 때 발뒤꿈치가 땅에 닿지 않도록 하면서 방법을 반복하기를 5분 동안 한다. 이 수련 효과는 다음과 같다. 용천혈을 자극해 주면 심장과 신장 기능이 활성화되면서 고혈압과 저혈압 등의 질병이 없어진다.

칠순이 넘어 왜군과 싸운 서산대사, 건강하지 않았다면 승군을 이끌 수 있었을까.

호흡수련(呼吸修練), 어떻게 해야 할까?

    2024년 7월 개최된 파리올림픽 양궁 결승전에서 김우진과 엘리슨은 우승자답게 최고의 기량을 발휘하였다. 5세트에서 김우진과 엘리슨은 모두 30점을 쏘아 5대5로 동점이 되었고, 마지막 한 발로 승부를 가르게 되었다.

    이때 김우진 선수의 심박수(心搏數)는 성인이 휴식 취하는 상태에서 나타나는 평온한 심박수(73bpm)를 유지했다고 한다. 양궁협회에서는 선수의 긴장도를 파악하기 위해 비접촉 방식으로 선수의 생체정보를 측정하게 되었다고 한다.

    심장박동수(心臟搏動數) 측정은 언제부터 했을까?

    세계양궁연맹(WA) 회장이 "TV로 보면 양궁 선수들이 금메달을 따기 위해 10점을 맞혀야 하는 긴장감을 느끼기 어렵다"라며, "선수들의 생생한 긴장감을 전해 주고 싶다"라며 심박수 중계를 찬성하자, 처음으로 2021년 7월 개최된 '2020 도쿄올림픽'에서 심장박동수를 측정하기 시작했다.

    심장박동수는 심장이 1분 동안 박동하는 횟수를 나타내며, 1분당 박동수 단위로 측정된다. 심장은 혈액을 전신에 공급하기 위해 끊임없이 박동하며, 심장박동수는 신체활동·심리상태·건강상태 등 다양한 요인에 따라 변동한다.

그런데 일본 도쿄올림픽 양궁 남자 개인전 63강 전에서 김우진이 승리하며, 32강행을 확정된 경기에서 총 9발의 화살을 쏜 김우진의 평균 심장박동수(心臟搏動數)는 84회였다. 첫발은 86회, 마지막 발은 73회를 기록했다. 김우진의 심장박동수가 가장 높아졌던 때는 경기 중반으로 95회였다.

해설위원은 점점 떨어지는 김우진의 심장박동수를 보고 이 정도이면 잠자는 수준이 아니냐고 놀라움을 표하기도 하였다. 반면 김우진의 상대 선수였던 '벌로그흐'는 첫발에서 심장박동수가 168회를 넘었다.

마지막 발에는 심장박동수가 165회에 이르렀다. 같은 날 32강에서 탈락한 김제덕 선수는 첫 화살을 쏠 때 심장박동수가 131회였다. 마지막 한 발에서는 163회까지 올라갔다.

심장박동수 어떻게 안정적인 상태로 유지할 수 있을까?

심장은 주기적인 수축에 따라 혈액을 몸 전체로 보내는 순환계의 중심적인 근육 기관이다. 분주히 몸을 움직이면 심장박동이 활발해지기도 하고 심장의 크기에도 변화를 주게 된다. 그래서 운동선수와 일반인의 심장 크기 및 능력에 차이가 발생한다고 한다.

즉 일반인이 2번 박동으로 보낼 양을 운동선수는 1번에 보낸다는 것이다. 병적 상황이 아니라면 심장박동수가 낮을수록 좋다고 여기는 이유이다.

모든 운동은 호흡이 빨라지게 되거나, 느려지게 되어있다. 그래서 운동은 긴장과 이완의 연속이라고 말한다. 호흡이 빨라진다는 것은 심장박동수가 빨라진다는 것이고, 호흡이 느려지면 심장박동수가 느려진다는 것이다.

선도(仙道)란 심신(心身)의 조화점(調和點)을 찾아가는 수련이다. 사람이 살아있으려면 몸이 살아있어야 하고 그러기 위해서는 호흡해야 한다. 호흡이 멈추지 않게 하려면 어떻게 해야 할까? 몸의 균형을 이루어야 한다. 그래서 선조들은 우아일체(宇我一體) 경지에 들 수 있는 선도(仙道) 수련을 강조하셨다.

수련 방법은 두 손바닥이 마주 보도록 하고 조용히 명상(瞑想)에 잠기면 손바닥과 손바닥 사이에서 기파(氣波)가 저절로 밀었다 당겼다 하는 힘을 느끼게 된다. 기감(氣感)이 느껴지면 서서히 마주 본 손바닥을 벌어질 때까지 벌린 후 손바닥을 위로 가도록 한 후 위로 서서히 올린다. 머리 위로 오면 서서히 머리에서 얼굴 앞으로 가슴 앞으로 내려와 처음 동작으로 오는 것이 한 동작이다.

이 동작을 30분 이상 하면 된다. 이렇게 명상뇌파(瞑想腦波) 경지에 들 때 뇌파를 측정해 보았더니, 뇌파가 알파파(8-14Hz)를 유지하고 있었다. 이렇게 명상뇌파가 유지된다는 것은 심장박동수도 그만큼 낮아진다는 것이다.

홍익인간의 참뜻 깨우친
한국·몽골 평화 및 우호 증진 탐방

필자는 2009년 7월부터 경신수련을 시작하여 2024년 8월까지 91번째 경신수련을 마쳤다. 경신 수련은 경신 전날인 기미일(己未日)이 지나는 순간부터 다음 날인 신유일(辛酉日)이 되는 순간까지 24시간 한순간도 잠을 자지 않고 하는 철야수련(徹夜修鍊)을 말한다. 이번 경신일(庚申日)은 네 번째 북쪽의 수(水) 기운이 드는 경신일[2024년 8월 24일]이다.

경신 수련 중 이태준 열사 기념공원에서 느낀 바를 다듬어 본다.

대한민국무공수훈자회 서울지부[지부장 정진성]의 주최로 8월 20일~23일간[4일] '한국·몽골 평화 및 우호증진 탐방단'의 일원으로 몽골을 다녀왔다. 울란바토르 테를지 국립공원에 있는 전통 신게르 숙소 체험, 유목민 마을 방문 유목민 생활 체험, 징기스칸 마 동상을 탐방, 그리고 '이태준 열사 기념공원'을 다녀왔다.

이태준(李泰俊) 열사는 한국의 독립운동가이자 몽골인들에게 몽골의 허준(許浚)으로 알려졌다. 이태준 열사의 기념공원은 한국 정부와 연세의료원, 그리고 몽골 정부의 재정 지원을 받아 2001년 7월에 조성되었다고 한다. 조금 걸어 건널목에서 건너편에 있는 '이태준 선생 기념공원'이라는 간판을 보자, 가슴이 뭉클해졌다.

이태준은 김필순(金弼淳)과 함께 조국의 독립을 위해 여러 방면으로 노력하던 중, 연세의료원에 입원한 안창호(安昌浩) 권유를 받고 비밀결사 단체인 신민회(新民會)에 가입하여 활동했다. 그리고 1911년 6월 2일 세브란스병원에서 의료허가증을 수여 받았다.

이때 일제는 1911년 말 '105인 사건'을 조작하여 한국의 애국지사들을 검거하기 시작하였는데 이 명단에 김필순과 이태준도 이에 포함되었다고 한다. 하는 수 없이 두 사람은 망명길에 오른다. 이태준은 중국 남경(南京)의 기독회의원(基督會醫院)에서 의사로 활동하면서 나라의 독립을 위한 계획을 모색했다.

그러던 중 애국지사 김규식(金奎植)의 권유로 1914년 '몽골 울란바토르'로 가서 동의의국(同義醫局)이라는 병원을 개설하였다. 당시 몽골에서는 화류병(花柳病)이 유행하였는데, 이태준 열사는 화류병 퇴치에 최선을 다했다. 이 결과 '몽골 올란바토르(庫倫)'에서는 이태준 열사를 모르는 사람이 없을 정도로 이름이 알려졌다.

이태준 열사는 몽골 마지막 왕 보그드 칸(Bogd Khan) 8세의 어의(御醫)가 되었으며, 1919년 7월에는 국가 최고 등급의 '에르데닌 오치르'라는 훈장을 받았다. 몽골 사회에서 두터운 신뢰를 쌓은 이태준은 각지의 애국지사들과 긴밀한 연락 관계를 유지하면서 주요한 항일 활동에 큰 공적을 남겼다.

이태준 열사는 소비에트 정부로부터 확보한 40만 루블 중 4만 루블 운송에 깊이 관여했으며, 그리고 이태준 열사는 의열단장 김원봉(金元鳳)의 조직에 가입하여 우수한 폭탄 제조자인 '마쟈르'를 끌어들여 보다 체계적이고 효과적인 항일운동이 이루어지도록 큰 역할을 하였다.

이태준 열사처럼 우리가 생(生)의 목적을 무엇에 두느냐에 따라 삶의 가치가 결정된다. '삶의 존재가치·인간의 가치'에서 인간의 존엄성이 나오고, 인간의 존엄성에서 철학이 나오고, 여기서부터 바른 인간관계가 나온다. 인간완성은 혼자만의 노력으로 불가능하며, 개인 완성을 이룬 후 전체 완성으로 어우러지게 해야 한다.

그래서 선조들은 마음의 균형(均衡)과 조화(調和), 기(氣)의 균형(均衡)과 조화(調和), 인체의 균형(均衡)과 조화(調和)를 이루라고 한 것이다. 여기에서 균형만으로는 변화가 일어날 수 없다. 균형(均衡)이란 상대방과 같은 상태를 유지하기 때문에 정지된 상태이고, 조화(調和)는 균형을 뛰어넘을 때 생기는 동적(動的)인 상태다.

균형(均衡)과 조화(調和)를 이루기 위해서는 마음을 다스려야 한다. 마음이 가는 곳에 기(氣)가 흐르고, 기(氣)가 흐르는 곳으로 혈(血)이 따라 흐르며, 혈(血)이 흐르는 곳에서 정(精)이 뭉쳐질 때 신(神)이 열리기 때문이다. 그래서 자연의 이치·인간의 도리·더불어 사는 지혜를 깨우치라고 한 것이다.

경신 수련을 마치면서 오늘도 홍익인간의 마음 다듬어 본다.

전적지에서 되새긴 건전한 정신과 튼튼한 몸

'대한민국무공수훈자회'(회장 김정규)에서는 임직원과 감사 15명, 지역 지부장 16명, 대의원 46명 등 총 77명이 지난 9월 25일부터 27일까지[2박 3일] 6·25 전쟁 당시 '해병대 군산 장항 이리 전적비' 참배 및 평택 '서해수호관'을 견학했다. 이 과정에서 참가자 모두가 나라 사랑하는 마음과 호국 의지를 다졌다.

6·25 전쟁은 한반도 역사에서 중요한 전환점이 되었다

상륙작전에 특화된 부대의 필요성이 제기됨에 따라 해병대가 1949년 4월 15일 진해에서 창군(創軍)되었다. 이어서 1949년 5월 5일 해병대령(海兵隊令: 대통령령 제88호)이 공포되었다. 이에 따라 해병대는 해군에서 편입한 장교와 사병들로 구성되어, 진주와 제주도에 주둔하며 공비 토벌 및 민심 수습 임무를 수행했다.

6·25 전쟁 중인 1950년 7월 초 북괴군 6사단 13연대가 충남 천안을 점령한 후 호남지역으로 남하하자, 이를 저지하기 위해 해병대는 7월 16일 군산에 상륙하여 장항에서 내려오고 있는 북괴군을 저지하였다. 그리고 7월 18일~7월 19일에는 북괴군의 '군산·장항·이리' 지역 공격을 성공적으로 저지하였다.

'군산·장항·이리' 전투는 6·25 전쟁 당시 해병대 작전명령 제1호로 하달된 최초의 전투 명령이었다. 이 전투에서 북괴군 373

명 전사상(戰死傷) 및 포로 5명을 생포하는 전과를 세웠고, 정부 비축미 13,000여 가마와 주요 물자 반출에 성공했다. 그러나 아군도 전, 사상자 67명을 내는 피해를 입었다.

6·25전쟁에서 해병대는 '귀신 잡는 해병'이라는 이름을 얻게 되었다

군산시 월명공원에는 수적 열세 등 최악의 상황이지만 백 번 꺾여도 굴하지 않는다는 정신으로 전투에 임했던 해병대 호국영령들이 잠들어 있다. 6·25 전쟁에서 북괴군의 주력부대를 몰살시킨 해병대는 훗날 많은 역사가로부터 성공적인 인천상륙작전을 견인했다는 평가를 받고 있다.

한민족 역사를 살펴보면 위기 때마다 수많은 영웅이 나서서 나라를 지켜냈다. 이러한 정신은 어디에서 나오는 것일까. 그 시대마다 영웅들은 스스로 심신 수련과 함께 자연의 모습에서 삶의 지혜를 얻어냈다. 평소에는 나서지 않고 준비하고 있다가 위기 때마다 국가를 지키기 위해 앞장섰다.

고구려 때 명장 을지문덕은 "도(道)로써 천신(天神)을 섬기고 덕(德)으로써 백성과 나라를 감싸 보호하라. 도(道)를 통하는 요체는 날마다 염표문(念標文)을 생각하고 실천하기에 힘쓰며, 마음을 고요히 잘 닦아 천지 광명의 뜻을 성취하여 홍익인간이 되는 데 있다"라고 밝힌 바 있다.

염표문(念標文)은 11세 단군 도해(道奚)가 '하늘-땅-인간'이라는 삼위일체(三位一體)의 도(道)로써 완성했다. 염표문에는 "하늘이 참마음을 내려 주셔서, 사람의 성품은 하늘의 대광명(大光明)과 통해 있으니, 하늘의 가르침으로 세상을 다스리고 깨우쳐, 백성을 도와주어야 한다"라는 내용이 담겨있다.

'대한민국무공수훈자회'는 김정규 회장을 비롯한 회원들 모두가 평소 국가 정체성에 대한 신념과 호국정신을 드높이면서 조국의 평화적 통일 의지를 함양하기 위해 선양(宣揚) 활동을 추진하고 있다. 특히, 이를 실천하기 위해 "모든 회원이 스스로 건전한 마음과 튼튼한 몸을 갖추어야 한다"라는 다짐을 되새기고 있다.

장진호 전투 영웅! 영원히 잊지 않겠습니다

제74주년 장진호 전투 기념행사가 대한민국무공수훈자회[회장 김정규] 주관으로 지난 10월 17일 14:00 용산 전쟁기념관 평화광장에서 개최되었다. 국가보훈부장관, 주한 미 해병대 사령관, 해병대 부사령관, 무공수훈자 회원 등 2,600여 명이 참석한 가운데, '장진호 전투 영웅! 영원히 잊지 않겠습니다'라는 주제로 1시간에 걸쳐 성황리에 진행되었다.

이번 행사는 6·25전쟁 중 미 해병 1사단을 비롯한 유엔군이 함경남도 개마고원의 장진호 북쪽으로 진출하던 중에 중공군과 충돌하여 2주간 전개한 철수 작전에서 중공군의 포위를 뚫고 흥남에 도착, 중공군이 흥남 진입을 지연시키고, 피란민 등 20만여 명이 성공적으로 철수할 수 있도록 한 결과를 상기하며 전투에 참가한 영웅들에게 감사를 표했다.

식전 행사로 강정애 국가보훈부장관, 윌리엄 주한 미 해병대 사령관이 '유엔군 전사자명비'에 헌화한 후, '고토리 별'에 점등하였다. 본 행사는 국민의례, 주제 영상 시청, 김정규 대한민국무공수훈자회장의 인사말, 윤석열 대통령 기념사(강정애 보훈부장관 대독), 주한 미 해병대 사령관의 추모사, 기념공연이 이어졌다.

국민의례 시 국가유공자 손자인 김찬하 해병대 상병(해병대사령부 소속)이 '국기에 대한 맹세'를 했고, 대한민국 군가합창단의 미 해병대 찬가와 군가 메들리에 이어, 가수 유리씨가 'I will always love you', '아~ 대한민국'을 불러 한미동맹 71주년을 맞아 양국 우호 증진, 장진호 전투 참전 영웅의 고귀한 희생에 감사하는 마음을 전했다.

대한민국무공수훈자회 김정규 회장은 환영사에서 "이번 추모 행사가 6·25전쟁 당시 대한민국의 자유와 평화를 수호했던 장진호 전투 영웅들에게 존경과 감사를 표하고, 그들의 헌신과 희생을 영원히 기억하며, 굳건한 한미동맹을 한층 좋은 계기가 되기를 바란다"라고 밝혔다.

처참한 전투 중 피란민 등 20만여 명이 안전하게 철수시킨 작전이었다.

장진호 전투는 6·25전쟁 중이던 1950년 11월 27일부터 12월 11일까지 함경도 장진호 부근에서 중공군 7개 사단에 포위된 미 해병 1사단과 미 육군 7사단 2개 대대, 영국 해병 제41 코만도 부대, 미군에 배속된 국군 카투사 장병과 경찰들이 중공군의 인해전술을 뚫고 함흥까지 철수하게 되었다.

이 전투에서 유엔군은 1만 7,000여 명의 사상자가 발생했고, 중공군은 4만 8,000여 명의 사상자를 냈다. 영하 40도에 육박하는 혹한 속에서도 미 해병 1사단이 주축이 된 유엔군은 중공군의 함흥 진입을 지연시켰다. 그 결과 함흥 항에서 20여만 명의 피난민을 남쪽으로 무사히 철수할 수 있었던 성공적인 작전이었다.

한편, 장진호 전투 기념식에 매년 참석했던 유엔 참전용사들은 고령 등으로 인해 올해에는 초청이 어려웠다. 이를 대신해 김정규 무공수훈자회장과 회원들이 2022년, 2023년, 2024년 3년여에 걸쳐 콴티코 해병 기지에 있는 미국해병대 기념관 내 장진호 전투 기념비, 장진호 전투의 주력 참전부대인 미 해병 1사단 등을 방문 사단장에게 감사패를 전하고, 장진호 전투 참전 영웅과 가족 30여 분을 모시고 장진호 전투 회장 등에게 감사한 마음을 담은 선물과 따뜻한 오찬을 대접한 바 있다.

행사에 참석한 유가족 김수헌(78세, 장진호 참전용사 故 김동성 일병 차남)은 "네 살 때 아버지께서 어린 아들 둘을 남기고 조국을 지켜야 한다는 일념으로 전장으로 나가 전사하여 어머니와 지낸 고통은 이루 말할 수 없었다. 아버님은 전사하셨지만 이렇게 참전 영웅의 공훈을 기억하고 추모 행사"고맙다며 눈물을 흘렸다.

김정규 회장은 한미동맹을 발전시키는 데 최선을 다하겠다는 의지를 피력했다.

홍익인간이 된 청소부 할머니

오랫동안 같이 근무했던 동료들이 이심전심으로 모여 만든 모임이 있다. 산전수전을 겪었다는 의미에서 모임 명칭을 '산수회(山水會)'라고 지었다. 산수회 회원 중 한 분이 ㈜이오시스템 한정규 대표이다. 한정규 대표의 초청으로 산수회 회원 20여 명이 ㈜이오시스템을 방문하게 되었다.

㈜이오시스템 회의실에서 홍보팀장이 회사 소개 브리핑을 마친 후, 한정규 대표는 이런 일화를 들려주었다. "어느 건물 청소부 할머니에게 '어떤 일을 하시느냐'고 묻자, 그 청소부 할머니는 '나는 깨끗한 환경을 만들어 남들이 상쾌한 기분으로 근무할 수 있도록 하는 일을 하고 있다'라는 답변을 들었다. 이후 그 할머니의 답을 마음속 깊이 담게 되었다"

이후 한정규 대표는 ㈜이오시스템에서도 "우리 회사 임원과 관리부, 생산부 직원 모두가 서로 도움을 주고받는다는 마음으로 회사 제품을 생산하고 있다. 그런 마음으로 생산된 제품이 군인들의 생명을 지킬 수 있게 한다는 자부심으로 근무한다"라고 설명해 주었다.

'홍익인간'은 도움을 주고받으며 덕(德)을 쌓는 인간사(人間事)

일제강점기 때 자신들의 정치적 의도에 따라, 홍익인간 이념이 담긴 염표문(念標文)의 전체 부분[일신강충(一神降衷)·성통광명(性通光

明)·재세이화(在世理化)·홍익인간(弘益人間)]에서 상당 부분을 빼버리고, 홍익인간(弘益人間)만 일어(日語)의 말뜻에 따라 "널리 인간을 이롭게 함"이라고 번역하여 기록으로 남게 했다.

'홍익인간'은 관념이나 감정을 잘 다스려 생명의 가치와 본성을 밝혀 우주 의식으로 생활화하면서, 인간이 지켜야 할 사리(私利)와 도리(道理), 참가치를 상식으로 알고 실천하는 사람이다.

다시 정리해 보면 '하늘에서 참마음을 내려 주니, 사람의 마음도 하늘과 통해 있음을 깨우쳐, 어질고 올바른 마음으로 도움을 주고받는 사람' 그 사람을 바로 '홍익인간'이라고 하는 것이다.

필자는 홍익인간 공부를 하면서 이론적으로는 정리(定理)되었다고 생각하고 있었지만, 영리를 추구할 목적으로 설립된 회사에서 올바른 홍익인간 정신으로 운영되고 있는 사례를 ㈜이오시스템에서 처음으로 찾게 되었다.

㈜이오시스템은 어떤 회사인가?

한정규 대표는 "마곡 종합연구소에서는 최신 실험시설 등으로 연구 개발의 효율성을 높일 수 있다"라며, "45년간 쌓아 온 첨단방산기술과 다양한 민간기술을 활용하여 '글로벌 강소기업(強小企業)'으로 자리매김하고자 한다"라고 밝혔다.

㈜이오시스템은 1979년 창립되어 광학장비 분야에서 국내 최고 기술력을 가진 업체로 성장했으며, 그 결과 1984년 방위산업체로 지정되어 광학부품류와 광학장비를 군에 공급해왔다. 이어 야간투

시경 등의 광학장비를 해외에 수출하고 있다.

㈜이오시스템이 내세우고 있는 '열 영상 감시장비'들은 국경 지역의 주, 야간 감시에 매우 효과적이다. 헬멧에 장착된 화면에 입체 영상을 나타나게 하는 장치는 많은 호평을 받고 있으며,

특히 '조종수 열상 잠망경'은 현재 국내에서 K9 자주포를 비롯한 다수의 장갑 차량에 장착된 장비로서 불빛이 없는 야간에도 조종수가 운전할 수 있어 중동에서도 많은 관심을 받고 있다고 한다.

언어는 그 민족정신이 담겨있는 그릇이라고 할 수 있다. 즉 언어에서 그 민족 정서를 엿볼 수 있다는 뜻이다. '돕다'의 의미는 인간사의 필연이다. 도움도 없이 살아가는 사람은 지구상에 한 사람도 없을 것이다.

㈜이오시스템은 직원들과의 관계에서 서로 도움을 주고받는다는 마음을 품도록 하였으며, 그런 마음을 담아 생산한 제품으로 국가를 지킬 수 있도록 하는 일을 하고 있다면, 이런 기업을 '홍익인간의 삶터'라고 할 수 있을 것이다.

올바른 마음으로 도움을 주는 사람이 되자. 그런 삶터를 만들어내자.

무궁화(無窮花), 법률적 국화(國花)로 지정해야

우리 국민에게 무궁화(無窮花)는 단순한 꽃나무가 아니라 오랜 세월 동안 우리 민족의 정신과 문화를 어우르는 꽃나무로 자리매김했다. 무궁화꽃은 여름철에 개화하여 100일 이상 끊임없이 피고 지는 모습은 한민족의 끈기와 불굴의 의지를 상징하고 있다. 연이어 피워내는 모습은 무궁무진한 발전과 번영을 담고 있다.

무궁화는 고조선 이전부터 하늘나라의 꽃으로 귀하게 여겼고, 신라 시대는 무궁화를 근화(槿花), 고려 시대는 목근화(木槿花)라고 불렀고, 조선 시대는 무궁화를 소재로 한 그림과 문학 작품이 많이 등장하였으며, 이순신 장군은 거북선에 무궁화 문양을 사용한 것으로 보아, 민족의 상징으로 받아들였다는 것을 알 수 있다.

우리나라를 상징하는 국기(國旗)·국가(國歌)·국화(國花)의 역사는 아래와 같다.

대한민국 국기(國旗)는 1882년 조미수호통상조약 조인식에서 역관 이응준이 처음 사용하다가 1948년 정부 수립 후 '대한민국 국기법'에 따라, 태극기는 흰색 바탕에 중앙에는 적색과 청색의 태극을, 사방 모서리 대각선에 검은색 건(乾, ☰), 곤(坤,☷), 감(坎, ☵), 리(離, ☲)의 사괘가 그려져 있고, 깃봉은 무궁화 모양을 하고 있다.

대한민국 국가(國歌)는 안익태가 애국가 가사에 외국 민요 곡조에 붙여 부르다가, 1936년 유럽으로 건너가 베를린에서 애국가를 작사, 작곡하여 미국·일본·중국 등지에 있는 교포들에게 발송하여 널리 전파되었다. 1948년 8월 15일 대한민국 정부가 수립되면서 그가 작곡한 애국가가 '대한민국 국기·국가법'으로 제정되었다.

대한민국의 국화(國花)는 무궁화로 알려져 있다. 무궁화는 법률이나 공식적 규정에 기초하여 국화로 규정된 것은 아니지만, 정부에서부터 민간에 이르기까지 무궁화를 우리나라를 상징하는 꽃으로 받아들이고 있다. 애국가 후렴에도 "무궁화 삼천리 화려강산"이라는 가사가 담겨있다.

무궁화꽃 안에 태극문양이 담긴 문장(紋章)은 대한민국의 표장(標章)

대한민국의 국장(國章)인 문장은 일반적으로 외국기관에 발송되는 중요문서, 훈장, 대통령 표창장, 재외공관 건물, 외교부 해외 업무 서류 등에 사용되고 있다. 일반인이 나라 문장을 가장 흔히 접할 수 있는 문서는 바로 대한민국 여권 표지다.

문장은 임시정부 때 사용하여 현재까지 6번 바뀌었다. 최초는 1919년~1948년까지 대한민국 임시정부 공식문서 등에 사용된 문장이 있고, 1948년~1963년까지는 원형 사괘 안에 태극문양이 담겨있고, 1963년부터는 무궁화꽃 안에 태극문양이, 하단에 '대한민국' 글자가 새겨진 리본이 무궁화를 둘러싸고 있다.

대한민국의 국기(國旗), 국가(國歌), 국화(國花)는 모두 우리나라의 역사, 문화, 철학이 담겨있어 자부심을 느낄 수 있게 하는 힘을 주고 있다. 무궁화가 국화(國花)로 지정된 때는 1948년 8월 15일 대한민국 정부 수립 이후이다. 그리고 태극과 무궁화꽃이 담긴 문장(紋章)은 1963년 12월 10일 '나라문장규정'에 따라 제정되었다.

오늘날 무궁화는 대한민국 국화로서 한민족의 정신과 문화를 상징하는 중요한 역할을 하고 있다. 무궁화는 단순한 무궁화꽃을 넘어, 우리 민족의 역사와 문화, 정신을 담은 상징적인 존재이다. 무궁화꽃을 통해 우리는 민족의 긍지와 자부심을 계승하고, 나라 사랑과 애국심을 발전시켜 나가야 한다.

무궁화가 담긴 '국화법(國花法) 안건'이 법률적으로 의결되기를…

어떻게 살 것인가

이영철 (소설가·한국소설가협회 부이사장)

어떻게 살 것인가

"지금까지 행복의 중심이 물질의 양과 질에 있었다면,
앞으로는 인간관계를 중심으로 한 홍익인간의 가치로 바뀔 것이다"

동양의 철학과 자연의 질서를 바탕으로 한 인간 정신의 회복과 그 실천을 촉구하다.

조한석 저자의 『홍익인간이 된 청소부 할머니』는 현대판 삶의 지침서이다. '마음·기운·몸'의 조화를 통한 삶의 완성을 강조하는 선조들의 지혜와 현대 과학의 조우를 통해 독자는 인간의 본성과 삶의 방향에 대해 깊이 있게 성찰할 수 있다.

'청소부 할머니'라는 상징적 인물의 죽비(竹箆)와 같은 발언을 통해 홍익인간의 정신이 평범한 삶 속에서 구현될 수 있음을 깨닫게 하며, 누구나 참다운 의미의 인간됨과 진리를 향해 나아갈 수 있다는 희망을 전한다.

이 책에 따르면, 생명은 '마음·기운·몸'의 조화로 이루어지며 그 조화가 바로 인간됨의 근간을 이룬다. 우주의 질서와 계절의 순환, 인간관계의 본질과 건강한 삶의 길을 사유하는 이 책은 단순한 철학적 고찰을 넘어, '삶을 어떻게 살아야 하는가'에 대한 실천적 물음을 던진다. 우리 모두에게 '나'의 본질을 묻고, 조화로운 삶의 방향을 일깨우는 깊고 따뜻한 , 더 나은 삶을 살고자 하는 지침서다.

홍익인간이 된 청소부 할머니

조한석 지음

발행처   도서출판 **청어**
발행인   이영철
영업   이동호
홍보   천성래
기획   육재섭
편집   이설빈
감수   천기칠 | 김종숙
디자인   이수빈 | 구유림
제작이사 공병한
인쇄   두리터

등록   1999년 5월 3일
          (제321-3210000251001999000063호)

1판 1쇄 발행 2025년 5월 15일

주소   서울특별시 서초구 남부순환로 364길 8-15 동일빌딩 2층
대표전화 02-586-0477
팩시밀리 0303-0942-0478
홈페이지 www.chungeobook.com
E-mail   ppi20@hanmail.net

ISBN   979-11-6855-336-1 (03150)